당신이 몰랐던
조상 땅 찾는 비법

법무법인 센트로
전세경 변호사 지음

채움과 사람들

당신이 몰랐던 조상 땅 찾는 비법

초 판 1쇄 | 2018년 4월 20일

지은이 | 법무법인 센트로 전세경 변호사 지음
펴낸곳 | (주)채움과 사람들

판매처 | (주)채움과 사람들 Chaeum and People, Inc.

출판등록 | 2016년 8월 8일 (제 2016-000170호)
주　　소 | 서울시 서초구 사평대로 52길 1, 3층(서초동)
전화번호 | 02-534-4112~3
팩스번호 | 02-534-4117

이 책의 저작권은 저자와 출판사에 있습니다.
서면에 의한 저자와 출판사의 허락없이
책의 전부 또는 일부 내용을 사용할 수 없습니다.

ISBN : 979-11-88541-06-5

저자와 협의에 의해 인지는 붙이지 않습니다.
잘못 만들어진 책은 구입처나 본사에서 교환해 드립니다.

머리말

　필자는 어린 시절 부친을 통해 과거 증조부님으로부터 소유한 토지의 규모가 수를 헤아릴 수 없을 만큼 많다고 들었다. 증조부님은 후손이 없어 어떻게 하면 득남할 수 있을까? 고심하던 중 유명하다는 사람이 말하여 주기를 "당신 땅은 군으로 따져 수개 군에 막대한 규모의 토지가 있으니 그 토지 중 영험함이 서려있는 고을 7장소를 골라 나무를 베어다가 집을 지으면 아들을 얻을 수 있다"라는 말을 듣게 되었다. 일대 토지의 위치, 볕이 드나드는 정도, 형상, 외형 등을 조사하여 7군데의 마을에서 각 나무를 베어다 집을 지었고, 그 결과 아들을 얻을 수 있었다.

　그런데 그분은 술을 너무 좋아했고, 노는 것에 심취해서 물려받은 재산은 줄어들기 시작했다. 부자가 망해도 3년은 간다고 했는데, 돌아가실 즈음에 모두 탕진하고 남아 있는 재산이 없었다고 한다.

　그런데 그분 사후 동네 사람들을 가끔 만날 수 있었다. 그 동네 사람들 말이 '술로 재산을 망친 것 외에 그분이 방치하여 남아도는 증조부님 토지가 이 일대에만 해도 수백만 평이 지금도 있으며 아마 지금은 다른 사람에게 넘어갔을 것이다. 그 뭐 특별조치법인가 할 당시에만 하여도 동네 사람들이 그분 땅을 점유하였다'면서 '동네에서 위촉된 사람들에게서 보증서를 받고 이후 확인 절차를 거쳐 수백만 평은 남의 손으로 넘어 간 것 같다. 그러나 이제라도 그 위촉된 보증인들을 조사하여 선친 땅을 찾아라!'라고 권유하는 말을 듣게 되었다. 이후 관할 군청 읍면 등을 경유하여 등기소를 찾아다니며 증조부님 명의로 된 토지를 찾아 헤매었지만 결과적으로 증조부 선친명의는 없었고, 현재의 소유자만 확인할 수 있었다. 바쁜 일정에 쫓겨 지방에 계속 있을 수도 없고, 공부도 해야 하였기에 서울로 돌아와서 그럭저럭 시간이 흘러갔다. 그 후 시골 마을에서 선친 땅을 찾아준다는 사람의 연락을 받고 기다리고 있었다. 그래서 선친 땅 중 수 필지를 찾기는 하였으나 그 시골 사람이 자기 명의로 돌려놓았다는 말을 듣고, 관심을 가지지 않게 되었다.

그 후 변호사가 되었고, 우연인지 필연인지 유사 사건을 접하게 되다 보니 잃어버린 선친 땅을 찾는 현명한 방법이 무엇인지를 연구를 하게 되었다. 이에 장님이 코끼리 다리 만지듯이 막연하게 땅을 찾아 헤맬 많은 사람들을 위하여 이 책을 쓰기로 결심했다.

조상 땅 찾기를 하다 보면 우연이라는 말로 단순히 넘어가기 힘든 일을 가끔 겪는 수가 있다. 조상님의 땅을 찾아 그야말로 인생역전이니, 로또니, 대박이니, 하는 사례가 종종 나오기도 하지만 사실 그보다 더 큰 의미는 따로 있다. 조상 땅 찾기를 하는 경우 땅의 소유자였던 선친은 대부분 일제 시대를 겪었거나 전쟁을 겪어 일찍 돌아가신 분들이 많다. 그렇게 땅의 소유관계가 정리되지 않은 상태로 어찌어찌하여 지금에 이르게 된 것으로 사실 그 땅들은 누군가의 애환이 깃들어 있을 수도 있을 것이다. 후손이 그러한 선친의 뜻을 받들어 큰 욕심을 부리지 않고 조상님의 역사와 집안일을 지금이라도 정리하겠다는 마음으로 땅을 찾아 나서면 마치 누군가 옆에서 도와주기라도 하는 것처럼 땅의 단서를 발견하게 된다. 꼭 그 땅을 찾아서 돈으로 바꾸는 것이 중요한 것이 아니라고 생각한다. 나의 조상들은 이렇게 살다가 가셨구나, 이렇게 좋은 일을 많이 하셨구나, 나도 비록 지금은 형편이 어려우나 그러한 조상님이 계셨던 것을 자랑스럽게 생각하고 내 후손들에게도 알려 주어야겠구나 등의 생각을 갖는 것만으로도 과거, 현재, 미래까지 그 사람의 일은 복을 받아 잘 풀리는 경우가 많을 것이라 생각한다. 조상 땅 찾기의 진정한 의미는 과거의 나를 단절하고 나의 근본을 찾아 새로운 인생을 맞이하는 것이라 생각한다. 그야말로 인생역전이며 집안에 복과 행운을 불러들이는 일이 될 것이다.

　마지막으로 이 책을 펴내는데 도움을 주신 센트로 법무법인 대표 김향훈 변호사와 임직원, 출판사 김동희 대표, 고형석, 부친이신 전종구 등에게 감사드린다.

2018년 04월 20일

법무법인 센트로
전세경 변호사

"**법무법인 센트로**"는 여러분의 문제를 신속하고도 정확하게 해결합니다.
문의는 전화번호 02-532-6327, 또는 홈페이지 "**법무법인 센트로**"로 하시면 됩니다.

차 례

PART 1 혼자 떠나는 조상 땅 찾기 여행의 시작

01 조상 땅 찾기를 시작하게 된 계기   22
- 돌아가신 선친의 유언   22
- 브로커의 연락   22
- 관할청으로부터 땅을 찾아가라는 통보   23

02 혼자서도 조상 땅 찾기를 할 수 있다??   24

03 조상 땅 찾기의 단계별 진행과정   25

04 조상 땅 찾기 비용   26

PART 2 나 홀로 조상 땅 찾기를 위한 도우미들(인터넷 활용)

01 국가기록원   30
- 국가기록원에서 문서열람, 발급 요령   31
- 온라인을 통한 편리한 수색   32

02 온나라 부동산정보 통합포털　　　　　　　　34
- 온나라 부동산정보의 장점　　　　　　　　　34

03 정부24　　　　　　　　　　　　　　　　36
- 정부24를 통한 구 토지대장의 발급　　　　36
- 지적도, 임야도, 공시지가의 확인　　　　　37
- 지적전산망 조회 시스템의 부정확성　　　　37

04 인터넷등기소　　　　　　　　　　　　　39
- 인터넷등기소 활용의 유의점　　　　　　　39
- 폐쇄등기 발급 시 음영처리 등의 사전예약　40

05 관보　　　　　　　　　　　　　　　　　41
- 관보의 활용방법　　　　　　　　　　　　42

06 정보공개포탈　　　　　　　　　　　　　43
- 정보공개청구의 시간, 비용 절약　　　　　　44

07 인터넷상의 지도 활용　　　　　　　　　45
- 다음, 네이버 등의 지도 활용 방법　　　　　45

08 법제처 법령정보센터　　　　　　　　　47
- 특별조치법의 연혁파악　　　　　　　　　48

09 전세경변호사의 국토정보연구소 홈페이지　49
- 조상 땅 찾기란?　　　　　　　　　　　　50
- 조상 땅 찾기 의뢰방법　　　　　　　　　50
- 센트로 조상 땅 찾기 원스톱 시스템 – 진행절차　51
- 농지개혁법·무주 부동산　　　　　　　　53
- 특별조치법·취득시효　　　　　　　　　　54
- 토지조사부·창씨개명　　　　　　　　　　55
- 관련 업무영역　　　　　　　　　　　　　57

PART 3   조상 땅 찾을 때 이것만은 알고 가자!

01 상속관계의 정리   62
- 장자상속의 원칙?   62
- 끝내 못 찾는 형제에 대한 실종선고심판청구   63

02 농지개혁법의 허점   64
- 지가증권 발급과 분배농지, 상환대장의 제작   64
- 토지사정인으로의 일괄적인 보존등기 경료   65
- 농지개혁법의 적용대상   66
- 농지개혁법의 잘못된 적용으로 인한 이후 이전 과정의 무효주장   67

03 특별조치법은 정말 깰 수 없는 것일까   68
- 특별조치법의 강력한 추정력   68
- 보존등기와 이전등기의 추정력은 다르다.   68
- 특별조치법 보증관계서류는 1990년도 이후부터 찾을 수 있다.   69

04 국가의 최후의 보루, 취득시효 항변   70
- 승소율이 높은 소송유형   70
- 국가의 취득시효 항변   70
- 취득시효는 절대 깰 수 없는 것인가   72

05 국가에게 조상 땅을 팔고 보상을 받는 방법   73
- 지목이 도로인 토지   73
- 미불용지보상   74
- 보상액 지급시기   74

PART 4 나 홀로 조상 땅 찾기의 본론

01	일제 시대 작성된 토지조사부	79
02	토지에 관련된 각종 공부	81
03	역사에 따른 각종 법규의 연혁	82
04	귀속재산 처리법	83
05	행정기관의 지적전산망 조회 시스템	84
	■ 조상의 이름만 있고 기타 인적 사항이 없을 때	84
	■ 선친 땅 인근이 개발되어 도로가 형성	85
06	권리 추정력을 받지 못하는 토지대장	86
07	소유자 행방불명	88
08	지세명기장과 임야세명기장	90

PART 5 국유재산과 임야재산

01	개념 정리	94
02	부동산의 국유재산이라는 범주는 어디까지 인가?	95
03	국유재산의 개발이라는 것은 무엇인가	96
04	임야 대장의 실태	97
	■ 임야 대장의 현실	97
	■ 등기 원인증서	98
	■ 임야대장과 소유권	99
	■ 지적원도, 임야원도	99

05	대장의 멸실 등에 대한 복구와 등록	101
	■ 멸실에 대한보고	101
	■ 복구 등록	101
06	은닉 재산에 대한 처리	103
07	소유자 없는 부동산 처리	104
	■ 기초 개념	104
	■ 원인 행위	104
	■ 법률행위에 의한 부동산 물권 변동	105

PART 6 상속 등에 의한 소유권회복

01	서설	108
02	미등기 토지	109
03	국가 등이 소유권 보존등기를 한 경우	110
04	무주 부동산의 국가 귀속 절차	112
05	무주 부동산과 상속인	113
06	국가 등이 소유권을 취득하는 경우	114
07	상속인 앞으로 소유권 반환받는 절차	115

PART 7 농 지 법

01	농지에 대한 개념정리	118

02	농지법상 농지 취득	119
03	농지개혁 이후 개간된 농지	120
04	위토가 수용 협의 취득된 경우	121
05	환매권에 의한 농지 취득	123
06	시효 완성에 의한 농지 취득문제	124
07	정보공개 신청으로 발급받은 위토대장	125
08	농지취득자격 증명원이 불필요한 특례	127
09	농지개혁법과 부동산 소유권 이전등기 등에 관한 특별조치법 상호 관계	128
10	지목이 대지에서 전으로 바뀐 경우의 해석론	129
11	분배되지 않고 원 소유자에게 환원된다는 판례	130
12	분배 농지 확정을 위한 대지조사	132
13	특별조치법	133

PART 8 종중 재산

01	종중 재산의 개념	136
02	종중 재산의 발생	137
03	중중 재산의 귀속 형태	138
04	종중 재산의 관리 및 처분	139
05	종중 재산의 소송 관계	140
06	종중 재산 지적 공부	142
07	종중의 분묘에 대한 해석	143
08	종중 유사 단체	145

09	종중의 실체	147
10	위토의 개념	148
11	종중 재산 입증 문제	149
12	종중 재산의 원시취득 1	150
13	종중 재산의 원시취득 2	151
14	소유권 취득에 관한 명의신탁	152
15	종중 소유 재산에 대한 판단	153
16	실체 판단 기준은 시조중심이 중요	154
17	등기 추정력	155
18	종중과 특별조치법 관계	156
19	종중 재산 처리 증거	157
20	임야 조사령에 대한 사정	158

PART 9 무주 부동산

01	한국전쟁과 무주 부동산	162
02	소유권 보존등기의 추정력	163
03	사정 명의인의 처분행위	164
04	미등기에 대한 고찰	165
05	과실 있는 점유	166
06	선친이 사정받은 토지에 대하여 살펴볼 사항	167

PART 10 선친이 유공자인(사망 등) 경우

01	유공자로 등록된 자	170
02	적용 유공자	171
03	이에 대한 판례 입장	172
04	독립 유공자	173
05	일제 강점기 때의 자료	174
06	부재부동산 소유자의 토지	175

PART 11 조상 땅 찾기 테마별 쟁점과 판례

01	임야도 작성	178
02	지목 변경 취소	179
03	선친 땅이 환지 된 경우	180
04	부분 환지에 대하여	182
05	합동 환지	184
06	부동산의 매도 책임	185
07	확인의 이익	186
08	토지 소유권 상실과 부당이득	188
09	사망자와 다수의 상속인 관계	189
10	부동산 처분금지에 대하여	190
11	지적 공부에 대한 행정처분	192
12	토지의 득실에 관한 포락	193

13	중복 소유권 보존등기	195
14	토지 분필과 합병	198
	■ 토지 분할과 선친토지의 근거	198
	■ 토지 분할과 경계 특정	199
	■ 합병 분할의 효력	199
15	토지 소유권의 범위	201
	■ 지적공부 멸실과 복구	201
	■ 등기 명의 회복의 소	201
	■ 임야 원도	202
	■ 확정 판결의 기판력은 소유권 자체에는 미치지 않는다.	202
	■ 소유권 말소등기의 범주	203
	■ 공유 지분권	204
16	하천 구역의 편입과 국유지 및 감정평가	205
17	하천에 관한 손실보상	207
18	취득시효	208
	■ 타주 점유의 특단의 사정	208
	■ 농지개혁 특별조치법과 타주점유	209
	■ 취득시효 자주 점유의 특별성	210
	■ 상속에 의한 점유의 승계와 타주점유	211
	■ 취득 시효 부정 판례	212
	■ 취득시효 완성 후 이전 등기된 것	214
	■ 장기간의 토지권리행사 방치	214
	■ 자기 물건의 취득시효	214
	■ 국유 토지 점유 취득과 시효이익 포기	215
	■ 취득 시효 중단	216
	■ 시효중단에 대한 승계인	216
	■ 특별조치법상의 자주점유 추정력	216

19	이북에 있는 소유자가 행방불명된 경우 그 재산 처리 문제	218
20	구 임야 대장상의 소유권 변동 기재의 추정력	220
21	선친 임야와 구 조선임야령에 관하여	221
22	종중 재산과 명의 신탁자의 행위	222
23	수용외의 잔여지 토지	224
24	선친 토지가 공유인 때 수용된 후 잔여 토지에 대한 권리 행사	225
25	공유지분 상속등기 효력의 한계	226
26	토지 경계 확정 절차	227
27	공탁금 수령 문제	228
28	종중 운영의 중요 사항	229
	■ 종중회의 소집	229
	■ 종중의 재산	230
29	종중 회장 선임	231
30	소유권에 대한 확인의 소	232
31	선친 물건을 부당하게 사용한 관계	233
32	선친의 서면에 의하지 않고 이루어진 부동산증여	235
33	소유권 이전등기 말소의 기판력	236
34	과거의 행위를 새로운 법률에서 계속 적용시키는 문제	237
35	손실보상 보상협의	238
36	국가가 권원 없이 사유토지를 도로로 편입시킨 경우	239
37	사망자의 유언 일반	241
38	토지 수용 재결 처분 취소	243
39	지적도의 소유자	244
40	지적법상의 등록이 갖는 특성	245

41 권리 남용	246
42 물권적 행사의 범위	247
43 토지매매 계약의 범주	248
44 일제 강점 하 동원 피해	249
■ 전체 취지	249
■ 일제 강점 하 동원 피해 진상 규명 위원회	249
■ 진상 규명 실무 위원회	250
45 부동산 가격 공시 평가	251
■ 일반론	251
■ 적정 가격	251
■ 표준지 조사 등	252
■ 조사 협조	252
■ 공시사항	252
■ 적 용	253
■ 효 력	253
■ 정 정	253
■ 중앙 부동산 평가	254
■ 토지의 감정평가 등	254
■ 감정평가 준칙	254
■ 손해배상 책임	255
■ 토지 거래 허가 기준	255
■ 도로에 대한 사권제한 판례	255
■ 권리 의무 승계	256
■ 국가사업과의 관계	256
■ 도로정비 기본계획	257
■ 점유 관리에 대한 판례	257
■ 인허가 의제	257

■ 도로의 관리와 폐지　　　　　　　　　　　　258

PART 12　조상 땅 찾기 서류 양식 일반

【양식 1】기본 소유권이전등기말소청구 소장　　　　　262
【양식 2】부동산 별지 작성　　　　　　　　　　　　　264
【양식 3】기본 소유권이전등기말소청구 소장　　　　　264
【양식 4】소유권보존등기말소등기절차이행청구 소장　266
【양식 5】소유권이전등기 및 근저당권설정등기 말소등기절차이행청구　269
【양식 6】진정명의회복을 원인으로 한 소유권이전등기절차 이행청구　272
【양식 7】소유권확인 청구의소　　　　　　　　　　　274
【양식 8】부동산처분금지가처분신청서　　　　　　　　276
【양식 9】토지인도 청구 소장　　　　　　　　　　　　279
【양식 10】건물철거 및 토지인도 청구 소장　　　　　　281
【양식 11】점유이전금지가처분 신청　　　　　　　　　284

당신이 몰랐던
조상 땅 찾는 비법

PART 1

혼자 떠나는
조상 땅 찾기 여행의 시작

01 조상 땅 찾기를 시작하게 된 계기
02 혼자서도 조상 땅 찾기를 할 수 있다??
03 조상 땅 찾기의 단계별 진행과정
04 조상 땅 찾기 비용

01
조상 땅 찾기를
시작하게 된 계기

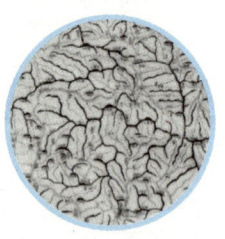

📍 돌아가신 선친의 유언

조상 땅 찾기를 시작하게 되는 경우는 크게 3가지가 있다. 첫째는 돌아가신 부모님이 유언으로 예전에 살던 곳 어딘가를 말씀하시면서 땅 정리를 하라 하셨을 때가 있다. 이 경우 실제 수색을 하면 비록 소유권이 전전 이전되어 되찾아 오는 것이 어려울 수는 있어도 적어도 예전에 조상님이 땅을 소유하셨던 흔적은 찾을 수 있다.

📍 브로커의 연락

둘째, 브로커의 연락을 받고 찾게 되는 경우가 있다. 브로커들은 토지조사부나 구 토지대장을 통해 소유권을 찾아올 수 있는 땅을 물색한 후 상속인들을 수소문하여 조상 땅 찾기를 권하게 된다. 이때 브로커를 믿고 조상 땅 찾기 업무를 포괄 위임하는 경우도 있으나 조심성 있는 상속인들은 전문가를 찾아 이것저것 꼼꼼하게 따져 본 후 소송을 시작하기도 한다.

📍 관할청으로부터 땅을 찾아가라는 통보

마지막으로 관할 시군구청으로부터 당신의 선조 땅이 도로로 편입되었다 내지는 선조의 땅을 찾아가라는 지적전산망 조회를 통한 통보를 받은 후에 시작하는 경우이다. 이 경우 통보받은 땅에 대한 상속관계 정리를 한 후 그 밖에 다른 토지의 수색으로 확장하는 경우가 주로 이루어진다.

02
혼자서도 조상 땅 찾기를 할 수 있다??

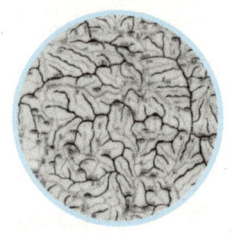

조상 땅 찾기의 경우 크게 두 가지 단계로 나누어진다. 수색과 소송이다. 수색의 경우 의뢰인 본인이 시간적 여유가 있을 경우 전문가의 도움을 받아 직접 할 수도 있다. 요즘은 국가기록원을 비롯하여 인터넷 사이트 상의 여러 매체에서 조상 땅과 관련한 정보들을 상당 부분 공개를 하고 있어 요령이 생기게 되면 혼자서도 수색작업은 충분히 가능하다. 특히 전세경 변호사의 경우 의뢰인에게 선조의 일을 직접 정리하는 차원에서 순차적으로 차근차근 조상 땅을 찾는 방법을 일러 주고 직접 찾을 수 있는 길을 열어 주고 있다.

03
조상 땅 찾기의
단계별 진행과정

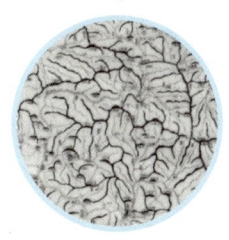

　조상 땅의 존재를 의심하게 되는 단서를 기반으로 움직이게 된다. 우선 제적등본 상의 선조의 주소를 중심으로 하여 땅이 존재하는 구체적인 지번을 알게 된 경우 해당 지번의 구대장(부책이라고도 불리며 제일 오래된 토지 대장을 말한다.)과 구등기를 열람한다. 한 필지 땅의 권리관계를 분석하기 위해서는 6개의 토지 공부를 살펴보아야 하며 이를 발급하는 기관도 각각 나누어져 있다. 기본적인 공부를 기초로 하여 다음 단계는 소송이 필요한 계쟁물을 분류하는 작업을 하게 된다. 이후 소송에서 승소를 하는 과정이나 승소 후에도 중요한 문제가 병행되게 되니 그것은 상속관계를 정리하는 것이다. 상속분할협의서 등을 통해 상속관계가 원활하게 정리가 되면 등기를 마치고 소유권을 찾아가고 그것이 아니라면 관할 시군구청에 보상을 받는 작업등이 진행될 수 있다.

04
조상 땅 찾기 비용

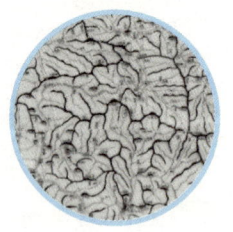

　조상 땅 찾기 상담을 하다 보면 많은 분이 실질적으로 조상 땅 찾기 비용에 대하여 가장 궁금해한다. 각 케이스마다 매우 다양하다고 말할 수 있다. 의뢰인이 거의 전문가 수준으로 땅의 리스트를 뽑아오고 심지어 토지대장부터 폐쇄등기까지 다 발급받아 서류를 한 박스 가져오기도 한다. 이 경우 찾은 땅 중에 보상신청이 가능한 것, 국가상대로 반환청구가 가능한 것, 바로 상속등기절차를 진행할 것, 특별조치법으로 넘어갔지만 다투어볼 만한 것, 농지분배되었지만 또는 환지처리되었지만 면밀한 조사를 통해 회복이 가능한 것 등등 각 경우마다 비용은 다르게 책정된다. 그렇지 않을 경우에는 각 지방이나 관공서에서 토지수색을 위한 비용 그리고 전문 인력 파견을 위한 수색비용이 별도로 필요할 것이다. 그러나 본격적인 소송이 아닌 수색에 있어 드는 비용은 거의 실비에 가깝다. 소송비용 역시도 의뢰인이 착수금을 지급하고 진행을 하면 성공보수 역시도 업계의 통상기준에 맞추어 진행이 된다. 보통 조상 땅 소송의 경우 브로커들이 변호사를 사서(?) 자신들이 일단 다 비용지

불하고 진행할 테니 나중에 승소 시 50% 내지는 40%를 달라라는 식으로 진행이 된다고 한다. 이러한 것도 이제는 옛날식 방식이다. 특히 이러한 유형의 약정 체결의 경우 검증되지 않은 자들에게 사건을 맡겨 나중에 소송이 불리하게 진행되면 도중에 그냥 방치해 버리는 경우도 있다. 비전문가에게 그 중요한 서류를 다 맡기고 진행하면 나중에 아무도 책임질 사람이 없게 된다. 수색을 하여 궁금증을 풀었으면 전문가의 정확한 진단을 받아 무리한 소송 없이 가능한 것 위주로, 합리적 가격으로, 빠른 시간에 정확하게, 소유권을 되찾아야 한다. 세상에 공짜는 없다. 세상에 대박도 그렇게 쉽게 나지 않는다. 욕심을 버리고 깔끔하고 정확하게 조상님의 일을 마무리를 하여야 한다.

당신이 몰랐던
조상 땅 찾는 비법

PART 2

나 홀로 조상 땅 찾기를 위한 도우미들(인터넷 활용)

01 국가기록원

02 온나라 부동산정보 통합포털

03 정부24

04 인터넷등기소

05 관보

06 정보공개포탈

07 인터넷상의 지도 활용

08 법제처 법령정보센터

09 전세경변호사의 국토정보연구소 홈페이지

01
국가기록원

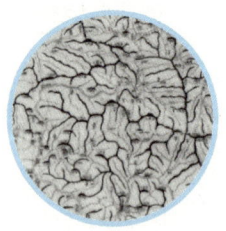

📍 국가기록원에서 문서열람, 발급 요령

　국가기록원은 조상 땅 찾기의 시작이라고 볼 수 있다. 국가기록원은 서울, 부산, 대전 세 곳이 있으며 대전이 본청이지만 거의 모든 서류는 광화문 서울기록원에도 있다. 또한 부산기록원은 경상남도 지역의 구 토지대장을 보관하고 있는 것이 특이점이다. 우선 선조의 땅이 있는 지역의 일제 시대 토지조사부가 불타지 않고 존재한다면 토지조사부부터 발급받아봐야 할 것이다. 또한 이곳에 간 김에 농지분배부도 발급받을 수 있으며 위와 같은 서류는 자격제한 없이 모두 열람, 발급 가능하다. 대기자가 많을 경우 시간이 많이 소요될 수 있다. 또한 농지분 배부를 본 경우 상환대장도 봐야 할 경우가 있을 수 있는데 이때에는 상환자의 이름 등을 알고 정확한 지번을 특정하여 정보공개를 청구하여야 하며 소유자를 찾겠다고 상환대장을 보게 될 경우에는 국가기록원에 보관된 상환대장 필름을 컴퓨터 한 대를 독점하고 앉아서 하루 종일 봐야 되는 경우도 생길 수 있다. 또한 이 밖에도 지가증권을 잘 발급받을 경우 지주의 땅 소유 리스트를 통째로 알게 되는 경우도 있다. 이때에는 정보공개 청구 시 지주의 한자이름을 정확하게 기재하고 해당 지역도 잘 특정하여 청구를 하여야 한다. 위 작업들에 소요되는 비용은 종이 값 정도를 생각하면 된다.

온라인을 통한 편리한 수색

국가기록원 홈페이지에 들어가면 하단에 뷰어를 깔도록 되어있다. 뷰어를 깔고 온라인 제공으로 표시되어 있는 문서들은 바로바로 컴퓨터로 확인이 가능하다 특히 토지조사부의 경우 해당 지역 명칭의 키워드를 잘 검색하여 넣으면 앉은 자리에서 손쉽게 토지 조사부를 열람할 수 있다. 또한 이 밖에도 지적원도를 볼 수 있으며 지적 아카이브에 들어가면 지적원도에 표시된 소유자 명을 '김○식' 이런 식으로 확인이 가능하다. 이는 토지 조사부가 없을 때 소유관계를 추단할 수 있는 중요 자료로 기능할 수 있다.

[국가기록원 지적아카이브]

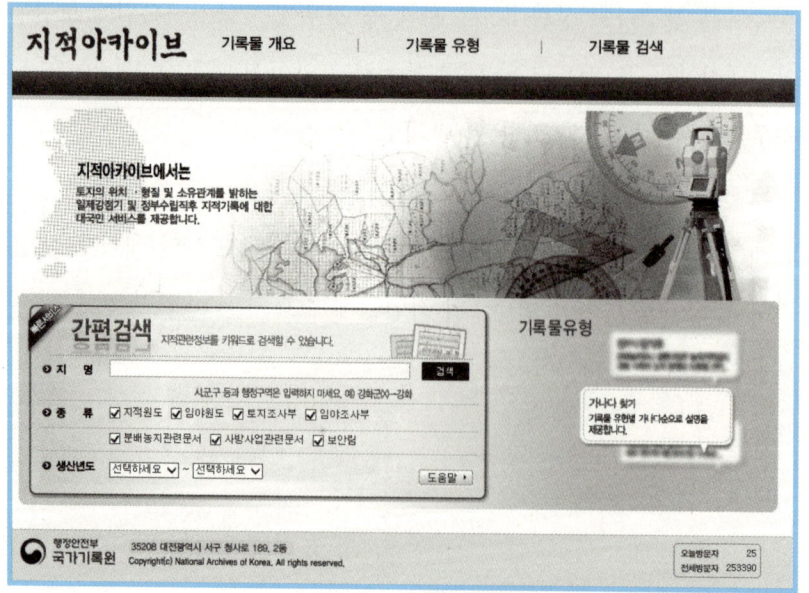

[토지조사부]

[지적원도]

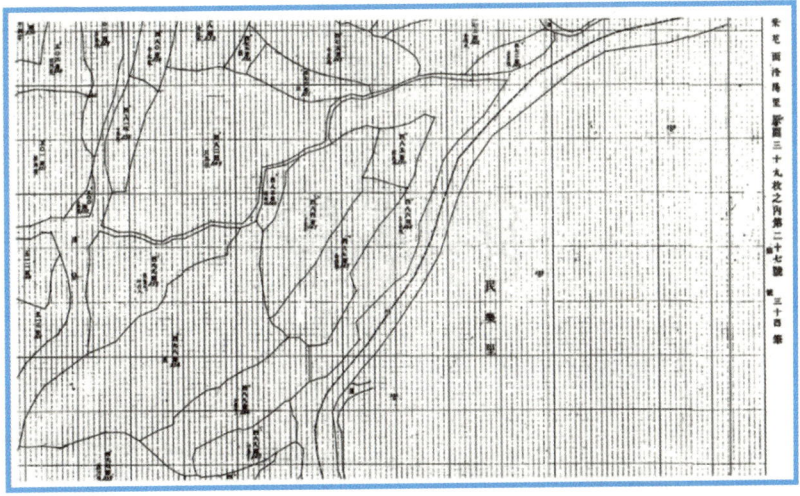

02

온나라 부동산정보 통합포털

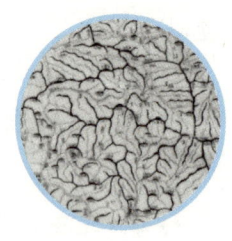

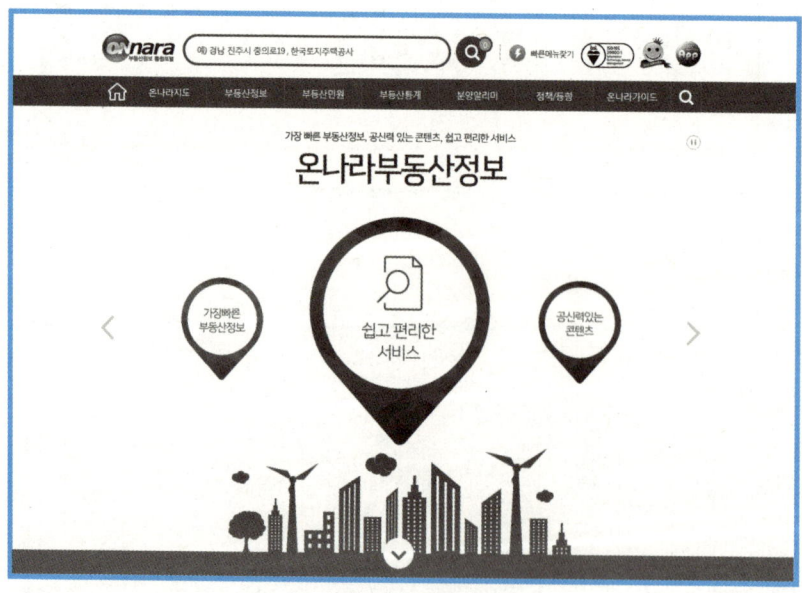

📍 온나라 부동산정보의 장점

위 사이트의 장점은 토지대장이나 등기부를 발급받지 않고서도(최근

정부24를 통해 토지대장 발급은 무료로 전환되었고, 인터넷등기소를 통해 등기부를 열람하는 것에는 최소 700원이 소요된다.) 토지에 대한 각종 정보를 가장 빠르게 한눈에 파악할 수 있다는 것이다. 소유권 변동일로 부터 지목, 면적 등 토지에 대한 정보를 한눈에 파악할 수 있는 장점이 있다.

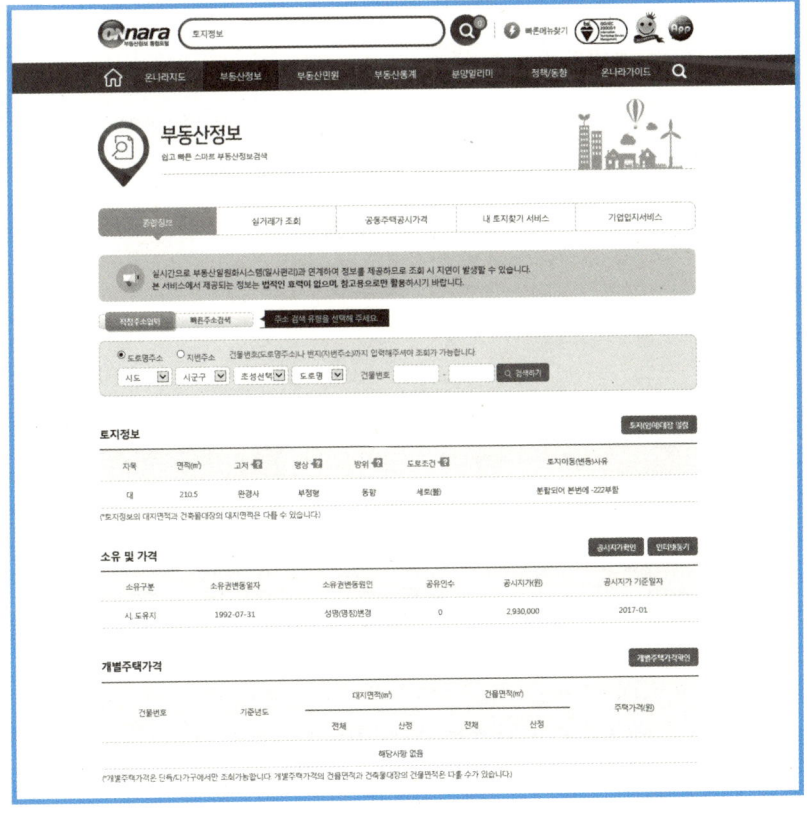

03
정부24

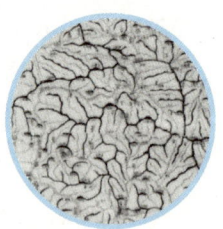

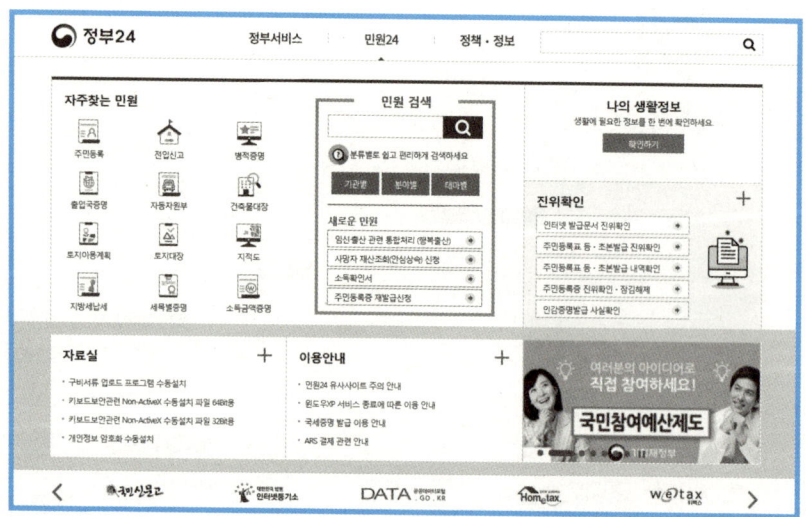

📍 정부24를 통한 구 토지대장의 발급

   정부24를 통하여서는 기본적으로 현재 토지대장을 무료로 발급받아 볼 수 있다. 여기서도 많은 정보를 간접적으로 얻을 수 있는데 현재 토지대장에 지번이 검색이 되지 않는 것은 환지 처리되었거나 구획정리 또는 행정구역 변경 등이 되었을 수도 있다는 것을 유추하는 정보가 되기도 한다. 또한 현재 토지대장에는 소유권이전 경위나 지목변경 시점, 등록전환, 분할, 합병 등의 정보를 파악할 수 있어 많은 도움이 된다. 참고로 연혁이 인쇄되게 발급을 받으려면 꼭 연혁 란에 체크를 해야 되는 것을 잊지 말아야 한다. 그렇지 않으면 현재 내용만 나오게 된다. 또한 정부24를 통해 구 토지대장(부책이라고도 불리며 제일 오래된 구대장)을 팩스민원을 통해 발급받을 수 있는 신청이 가능하다.

📍 지적도, 임야도, 공시지가의 확인

위와 같은 정부24를 통해 토지대장 외에도 지적도, 임야도 등을 축적을 달리하여 발급받아 볼 수 있고 또한 공시지가를 파악할 수 있어 소송물의 가액 등을 파악하는데 도움이 될 수 있다.

📍 지적전산망 조회 시스템의 부정확성

많은 조상 땅 찾기를 하는 자들이 처음에 크게 오류를 범하는 것이 행정기관에서 지역을 특정하고 선조의 주민번호 등을 입력하여 전산망 조회를 하면 왜 우리 선조의 땅이 검색이 되지 않는 것이냐면서 조상 땅 찾기를 포기하는 것이다. 행정기관, 특히 시군구청 토지정보과나 지적과에서 해주는 조상 땅 찾기는 현재의 토지대장을 데이터베이스로 하여 검색을 하기 때문에 현재 소유자만 나오고 그 이전 자들이나 대장 정리가 되지 않은 자들은 검색이 안 될 수밖에 없다. 이것은 그냥 한번 해 보는 것이고 다시 전문가의 도움을 받아야 한다.

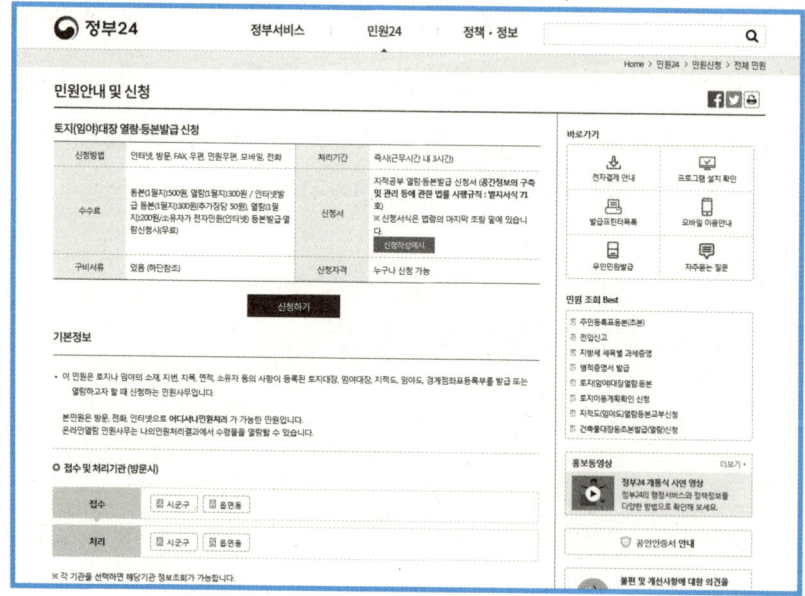

04
인터넷등기소

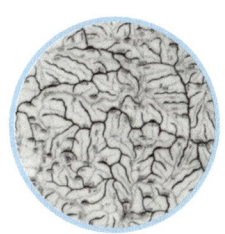

📍 인터넷등기소 활용의 유의점

인터넷등기소를 통해 바로바로 소유관계를 파악할 수 있다. 보통 토지대장의 경우는 토지의 현황파악을 위해, 등기는 소유관계 파악을 위하여 발급받아 본다. 그러나 대부분의 등기는 맨 처음 소유자는 나오지 않기 때문에 등기소를 직접 방문하여(이때는 반드시 현금을 지참하여야 한다.) 구등기나 폐쇄등기를 떼어서 봐야 정확한 소유관계 이력을 파악할 수 있다. 구등기를 떼 기위한 등기소는 아무 곳이나 가도 되고 해당 지역을 갈 필요는 없다. 또한 인터넷 등기를 발급받을 때에는 반드시 폐쇄등기의 존재여부도 확인을 하여야만 땅의 이동경위를 정확하게 파악할 수 있다.

폐쇄등기 발급 시 음영처리 등의 사전예약

구등기를 대량으로 발급받기 위해서는 사전에 인터넷등기소를 통해 구등기가 존재하는지를 먼저 확인하고 존재한다면 주민등록번호 등을 음영처리해 놓을 것을 사전에 미리 예약하여 놓아야 시간낭비를 줄일 수 있다. 또한 일부 등기소 직원들은 매우 불친절하여 위와 같은 이유로 등기 발급을 안해 주기도 하여 서로 다툼이 일어나기도 한다. 또한 구등기의 경우 행정구역 명칭이 변경된 경우가 많기 때문에 반드시 인터넷을 통하여 변경 전후의 구역명칭을 확인하고 가야 한다. 이러한 정보는 지방자치단체 홈페이지에 들어가도 확인할 수 있다.

05
관보

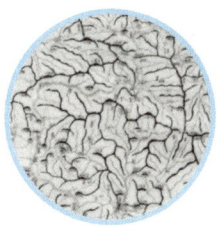

관보의 활용방법

위와 같은 관보 사이트는 국가기록원 홈페이지를 통해 들어갈 수 있으며 일제 시대 신문의 내용을 통해 검색을 잘 하면 땅의 소유관계나 지주의 이름, 주소 등을 파악하는데 유용하게 쓰일 수 있다. 이때 선조의 이름을 한자로 잘 기재하는 등 검색 키워드를 잘 잡아야만 성공할 수 있다.

06 정보공개포탈

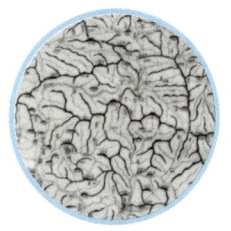

PART 2 나 홀로 조상 땅 찾기를 위한 도우미들(인터넷 활용)

📍 정보공개청구의 시간, 비용 절약

예전에는 관할 관청을 방문하여 일일이 신청서를 작성하여 정보공개를 청구하였다면 이제는 인터넷으로 정보공개를 청구 한 후 실시간 메시지를 받아보면서 내가 공개 청구한 정보의 소관청과 공개 과정 등을 손쉽게 파악할 수 있다. 특히 조상 땅 찾기에서는 특별조치법에 따른 보증관계 서류가 공개 청구하는 주요 정보이다. 공개 청구가 신속히 이루어지기 위해서는 관할 소관청을 잘 특정하여야 하고 안전하게 소관청을 2군데 이상 청구하는 것도 좋은 방법이다. 불허 결정에 대하여는 이의신청도 가능하며 해당 관청은 거부에 대한 특별한 이유 없이는 거부처분을 할 수 없다.

07
인터넷상의 지도 활용

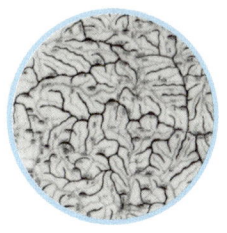

📍 다음, 네이버 등의 지도 활용 방법

위 포털 사이트의 지도제작 수준은 매우 높은 경지에 올라와 있기 때문에 신뢰도가 높다. 조상 땅을 수색하고자 하는 지역의 탐색을 할 때에는 지적, 경계도를 표시하고 보면 땅의 경계를 파악할 수 있고(우측 마우스 클릭) 로드 뷰를 잘 활용하면 최근의 토지 현황을 파악할 수 있다. 또한 지도상에 봤을 때 찾고자 하는 땅이 네모반듯하게 구획되어 있다면 환지나 구획정리가 되었을 가능성이 높으나 산으로 둘러싸여 있어 구불구불 예전 그대로 라면 일제 시대 토지조사부 지번 그대로 남아있을 확률도 존재한다.

08
법제처 법령정보센터

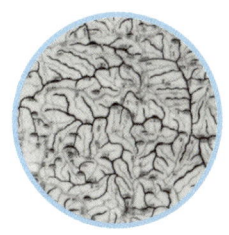

📍 특별조치법의 연혁파악

　위 법제처 법령정보 사이트를 통해 선조의 땅이 농지개혁법 이후 제 몇 호의 특별조치법으로 소유권이 이전되었는지, 민법은 몇 년도 법이 적용되어서 상속관계가 계산이 되는 것인지 등을 파악할 수 있다.
　구등기나 구대장에 특별조치법으로 법률 제00호라고 기재되어 있어도 반드시 법률정보 사이트에서 당시 적용되었던 특별조치법이 맞게 적용되었는지, 법적용에 문제는 없는지 등을 상세히 검토하여야 한다. 국가가 하는 일이라도 간혹 실수가 드러나기 때문이다.

09
전세경변호사의
국토정보연구소 홈페이지

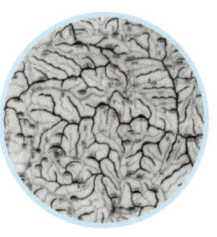

📍 조상 땅 찾기란?

그동안 축적된 부동산 소송 노하우를 통해 의뢰인들의 땅을 '현실적'으로 되찾아 드립니다.

일제 시대와 6.25전쟁을 통해 우리 조상님들이 소유하고 있었던 땅들은 정상적인 이전절차를 밟지 못하고 국가로 귀속되었거나 제3자 명의로 이전되었습니다.

더욱이 6.25전쟁을 통해 소유권 변동사항이 기록된 모든 지적공부들이 소실되거나 멸실 된 지역이 많아 미쳐 소유권 복구가 이루어지지 않고 국가로 귀속되거나(무주 부동산 공고 등을 통해) 무단으로 제3자가 가져가 버리는 등(수차례에 걸친 각종 특별조치법을 통해) 그야말로 조상님의 땅을 빼앗겨 버릴 수 밖에 없었던 상황들이었습니다.

저희 센터는 그동안 축적된 부동산 소송 노하우를 통해 의뢰인들의 땅을 '현실적'으로 되찾아 드립니다.

📍 조상 땅 찾기 의뢰방법

일반적으로 행정기관을 통한 조상 땅 찾기(국가지적전산망조회)는 해당 지자체에 제적등본 등 필요서류를 지참하고 가서 상속인임을 증명한 후에 조회하여 볼 수 있습니다. 주민등록번호가 있다면 전국조회가 가능하지만, 그렇지 않다면 지역을 특정하여 조회가 가능합니다.

그러나 이러한 조회의 근거가 되는 데이터는 행정기관에 보관되어 있는 현재 토지대장이며 토지대장에 등재가 되어있지 않았거나(미복구 토지등), 중간에 소유권이 바뀌어 버린 토지는 이러한 시스템을 통해서는 조회가 되지 않아 실상 조상님의 땅을 제대로 찾기에는 미흡한 점이 많습니다.

저희 센트로 조상 땅 찾기 원스톱 시스템은 조상님의 제적등본을 기초로 하여 의뢰인으로부터 여러 가지 단서를 확보한 후 해당 지역과 공공기관을 직접 방문하여 땅의 분포를 조사하여 작성한 리스트를 바탕으로 다음과 같이 절차를 진행합니다.

센트로 조상 땅 찾기 원스톱 시스템 - 진행절차

① 1차 작업 : 리스트를 작성하여 찾을 수 있는 땅과 없는 땅을 구분합니다.

조상 땅 찾기를 의뢰하시면 담당 변호사가 해당 지자체를 직접 방문하여 보관서류 열람으로 조상의 땅이 존재하였던 흔적은 다 찾아냅니다. 다 찾으면 토지 리스트를 작성하여 찾을 수 있는 땅과 없는 땅을 구분합니다.

② 2차 작업 : 해당 군청의 토지 지적과, 도로과, 보상과와 협의하여 대장과 등기를 정리합니다.

위에서 찾은 토지들을 중심으로 해당 토지가 도로 등으로 분할되는 과정에서 국가로 귀속되었거나 또는 미등기, 미대장으로 어디에도 귀속되지 않고 묻혀있는 토지를 색출하여 해당 군청의 토지 지적과, 도로과, 보상과와 협의하여 대장과 등기를 정리합니다.

③ **3차 작업** : 조상 땅에서 중간자 없이 바로 국유로 된 것들을 추려내어 소송을 진행합니다.

토지들 중 국유지로 되어있는 땅들의 이전경위를 살펴 조상 땅에서 중간자 없이 바로 국유로 된 것들을 추려내어 소송을 진행합니다. 이러한 소송은 비교적 간단하고 승소율이 높습니다.

④ **4차 작업** : 관련서류를 면밀히 검토하여 가능한 것들로만 소송을 진행합니다.

소유권이 몇 년에 걸친 특별조치법으로 개인에게로 넘어가거나 분배농지된 것들 중에서도 간 혹 요건 불비로 찾아올 수 있는 것들이 나오니 관련서류를 면밀히 검토하여 가능한 것들로만 소송을 진행합니다. 아직 전전이전이 많이 되지 않고 상속인들로만 이전된 것들은 상속인들을 만나 협의를 하거나 이러한 것들은 소송에서도 유리한 위치를 점할 가능성이 높습니다.

⑤ **사전절차&사후절차** : 위와 같은 작업들을 의뢰인과 협의하여 원스톱으로 진행합니다.

위와 같은 작업들의 기본 전제로 의뢰인인 상속인들간의 상속문제가 정리되어야 하고, 찾은 땅들에 대한 이전등기절차가 추가로 필요할 것입니다. 저희 법률사무소는 이러한 작업들을 의뢰인과 협의하여 원스톱으로 진행하여 불필요한 낭비를 하지 않으시도록 돕고 있습니다.

농지개혁법 · 무주 부동산

1) 농지개혁법

- 농지개혁법(農地改革法)은 1949년 6월 21일, 해방 후 농지를 농민에게 적절히 유상분배함으로써 자영농 육성과 농업생산력 증진으로 인한 농민생활의 향상목적으로 제정된 대한민국의 법안입니다. 그러나 이러한 농지개혁법은 사실상 당시 지주들로부터 강제로 농지를 수용하는 절차나 다름없었습니다.
- 농지분배된 토지라 하여도 상환대장을 면밀히 살펴보아 소유권을 회복할 수 있는 경우가 있고, 농지가 아닌 도로, 하천, 구거 임에도 농지로써 분배된 토지 등은 소유권을 되찾아 올 수 있는 경우가 존재하기도 합니다. 또한 농지의 소유권 귀속에 관한 각종 특별조치법 상의 하자를 찾아내는 방법도 존재합니다.

2) 무주 부동산

- 주인이 없는 부동산이란 뜻으로 이는 무주재산, 누락재산, 불명재산으로 구분됩니다. 단, 도로, 구거, 하천 등 공공용 재산은 무주 부동산에서 제외됩니다. 총괄청이나 관리청은 무주 부동산을 국유재산으로 취득할 경우에는 6개월 이상의 기간을 정하여 그 기간에 정당한 권리자나 그 밖의 이해관계인이 이의를 제기할 수 있다는 뜻을 공고해야 합니다. 이 공고 기간 내에 이의가 없는 경우에만 공고를 하였음을 입증하는 서류를 첨부하여 지적소관청에 소유자

등록을 신청할 수 있습니다.
- 국유재산법에 따른 무주 부동산의 국고편입 과정은 무주라는 점에 대한 구체적인 입증절차를 거치지 않고 지적공부상의 기재만으로 국유화하는 절차이므로 상속인 등의 권리자가 이를 입증하여 무효화 시킬 수 있습니다.
- 대한민국 정부는 1970년대 이후 국유재산법에 따라 무주 부동산 공고 절차를 통해 상당수의 미등기 부동산을 국유로 소유권 보존 등기를 하였습니다. 특정 토지를 무주 부동산이라고 공고하는 것은 사정 이후 현재에 이르는 권리변동을 입증할 공적 서류가 존재하지 않는다는 것을 의미하기도 합니다.
- 사정 명의인의 후손이 토지 사정인의 후손임을 근거로 소유권을 주장하게 되면 사정의 막강한 불가변적, 불가쟁적 효력 때문에 현재의 보존등기 명의인이(대한민국) 승소할 가능성이 상대적으로 낮습니다. 더욱이 판례는 무주 부동산 공고 절차를 통한 소유권 보존 등기는 아무런 추정력이 없음을 명백히 하고 있습니다.

특별조치법 · 취득시효

1) 특별조치법
- 부동산등기특별조치법은 소유권보존등기가 되어있지 아니하거나, 등기부기재가 실제 권리관계와 일치하지 아니하는 부동산에 대하여 한시적으로 간편한 절차에 의하여 등기를 해줌으로써 진정한

권리자의 소유권을 보호하고, 재산권을 행사할 수 있도록 하는 것이며, 그동안 대한민국에서는 1961년부터 2007년도까지 7회에 걸쳐 '부동산등기특별조치법'이 시행되었으며, 국토해양부의 통계에 의하면 가장 최근인 2006~2007년도에는 약114만9천여건에 달하는 토지와 건물이 소유권이전등기를 완료했다고 합니다.

• 보통 특별조치법에 의해 소유권이 이전되면 찾기 힘들다고 하나 1990년도에 소유권이 이전된 토지들은 아직 관련자료들의 해당 지방자치단체에 보관되어있을 가능성이 높고 이 경우 보증서등의 허위사실 등은 밝혀 낼 수 있어 소 제기 경우 승소를 하는 경우도 있습니다.

2) 취득시효

국가 등이 토지를 20년간 점유한 경우 해당 토지에 대한 점유취득시효를 완성하였다고 주장하거나 등기 후 10년이 도과하는 경우 등기부 취득시효를 주장할 수 있습니다. 그러나 국가의 이러한 취득시효 주장은 도로부지인지, 무주 부동산인지 등 경우마다 다르게 받아들여질 수 있으므로 구체적이고 섬세한 접근이 필요합니다.

◎ 토지조사부 · 창씨개명

1) 토지조사부

• 한일합방 이후 임시총독부 토지조사국에서 조제한 최초의 토지공

부로서 조상님의 토지와 임야를 확인할 수 있습니다.(토지조사부 1910~1918, 임야조사부 1916~1924)

- 이 자료는 국가기록원에서 누구나 확인할 수 있으며 주로 경기도 지역이 많이 보존되어 있고 멸실되어 없는 지역도 있습니다.
- 멸실되어 없는 지역이라도 지적원도 등을 통해 확인이 가능하며 각 지역의 지방자치단체에 임의로 보관되어 있기도 하고, 일본에 건너가 있는 지역도 있는 등 국가기록원에 없다고 하여도 포기하지 않고 찾아보아야 합니다.
- 본 조사부에는 지번, 지목, 면적, 소유자, 소유자주소 등 일반적인 사항이 소상하게 기재되어 있어 토지 소유권 회복에 중요한 근거자료가 됩니다.

2) 창씨개명

1940년 2월부터 1945년 8월 광복 직전까지 일본 제국이 조선인에게 일본식 성씨를 정하여 쓰도록 강요한 것을 말합니다. 일부 친일파들은 자발적으로 창씨개명에 응하기도 하였으나, 조선인의 희망에 따라 실시하게 되었다는 창씨개명은 1940년 5월까지 창씨신고 가구수가 7.6%에 불과하자, 조선총독부가 권력기구에 의한 강제, 법의 수정, 유명인의 동원 등을 이용하는 방법으로 그 비율을 79.3%로 끌어올렸습니다. 1946년, 미군정과 소련군정의 '조선 성명 복구' 조치로 창씨(創氏)한 성씨는 폐지되었고, 창씨개명했던 조선인들은 본래의 성명을 회복하였습니다.

그러나 미처 조선 성명으로 복구하지 못한 토지들에 대하여 해방과 동시에 대한민국 정부는 일본인 재산으로 간주하고 국가로 권리귀속을 시켜 버렸습니다.

관련 업무영역

법무법인 센트로의 부동산 소송 노하우를 통한 관련업무 소개입니다.

1) 제적등본 분석

조상 땅 찾기의 시작은 제적등본 분석으로 시작한다 해도 과언이 아닙니다. 제적등본의 한자를 분석하여 창씨개명여부, 장자상속, 가족관계, 땅의 소재지, 땅의 취득과 상실시기, 족보등 많은 정보를 선결적으로 분석합니다.

2) 상속인 수색과 상속관계 정리

예전 땅을 소유하셨던 분들은 자녀가 매우 많았기 때문에 땅을 찾으려는 분이 장자의 후손인지, 외가인지 친가인지 상속인들은 모두 살아있어 연락은 되는 것인지, 각자 모두 지분이 있어 지분별 청구를 해야 하는 것인지, 상속인 1인이 자신의 지분한도에서만 땅을 찾을 수 있는 것인지, 상속인 모두를 위해 보존행위로 소송을 제기할 수 있는 것인지 등등을 선결적으로 해결합니다.

3) 족보

땅의 소재지나 후손의 소재지를 알 수 없는 경우에는 족보의 분석을 통해서도 파악이 가능하고 실재 족보 상의 종중이 시재를 지내는 등 활동을 하고 있다면 땅 찾기는 더욱 수월해 질 것입니다.

4) 종중

조상 땅 찾기의 파생영역으로 기존에 미복구된 토지를 복구하면서 실제 조상의 명의로 복구를 하지 않고, 또는 세금 등의 문제로 종중명의로 이전하여 놓는 경우 부당하게 땅을 빼앗길 위험이 있어 명의신탁 내용을 분석하여 이를 반환하는 소송등이 가능합니다.

5) 소유권 보존등기, 이전등기

땅을 실제로 찾게되면 아직까지 후손들 명의로 등기가 되지 않은 상태로 토지대장에만 등재되어 있거나 토지 대장에 조차 등재되어 있지 않은 땅이 많이 발견 됩니다. 이러한 땅들에 대하여 소유권에 기한 등기절차를 밟아야 하고 이 과정에서 해당 땅의 소유자와 조상이 동일인인지, 그 후손은 맞는 것인지를 밝히기 위해 등기신청, 이의신청. 동일인 확인의 소 등의 절차를 밟게 됩니다.

6) 지적, 토지관리

우리나라는 일제 시대 조사되었던 지적 공부를 그대로 현재까지 사용하고 있기 때문에 현재 과학적으로 정확한 수치의 토지 경계가 설정되어 있는 것은 아닙니다. 때문에 시골에 땅을 갖고 있으면 그 땅이 실제로 존재하지 않은 땅이거나 면적이 실제 기재되어 있는 것과 다른 것들이 종종 나타납니다. 이 경우 법적 구제절차가 필요하게 됩니다.

7) 경계분쟁

위 지적, 토지관리 항목에서 본 바와 같이 내 토지의 면적, 경계에 대한 절대적인 기준이 없기 때문에 옆 토지 주인과의 경계침범문제, 건물철거 문제등이 발생할 경우 일반적인 해결책이 없으므로 법률전문가의 도움을 받아야 합니다.

8) 국유재산, 귀속재산 반환소송

우리나라는 일제 강점기와 6.25전쟁을 겪으면서 토지 소유권이 뒤죽박죽되어 부당하게 땅을 빼앗긴 사람들이 많습니다. 이제라도 이를 바로잡아야 하는 바 그 첫 번째가 국가가 무주 부동산 공시를 통해 가져간 땅의 반환 소송이며, 창씨개명한 한국인 토지의 부당한 권리귀속 등도 빈번히 발생합니다. 특히 임야의 경우 국가가 원인 없이 이전하여 간 경우가 적지 않습니다.

당신이 몰랐던
조상 땅
찾는 비법

PART 3

조상 땅 찾을 때 이것만은 알고 가자!

01 상속관계의 정리

02 농지개혁법의 허점

03 특별조치법은 정말 깰 수 없는 것일까

04 국가의 최후의 보루, 취득시효 항변

05 국가에게 조상 땅을 팔고 보상을 받는 방법

01
상속관계의 정리

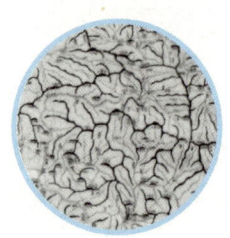

📍 장자상속의 원칙?

　조상 땅 찾기를 시작하기에 앞서 상속인이 정리가 되어 있어야 한다. 가장 좋은 것은 일명 큰 집이라는 장손 집에서 조상 땅 찾기를 하는 것이겠다. 보통 1960년 이전의 사망자의 경우 그 당시 민법을 적용받아 장자상속 원칙이 적용된다는 것은 많은 사람들이 알고 있는 것이다. 이후의 상속법이 적용되는 경우는 미국에 사는 형제이든 연을 끊고 사는 형제이든 어렸을 때 사망한 형제이든 상속관계가 제적등본에 정리가 되어야만 한다. 또한 큰집에서는 큰집 데로 작은 집에서는 작은 집 데로 조상 땅 찾기를 하는 경우가 있는데 이러한 것은 추후 문제 발생의 소지가 있으므로 형제들이 상속분할협의서를 작성하여 시간과 비용을 한데 모아 조상 땅 작업을 하는 것이 효율적일 것이다.

끝내 못 찾는 형제에 대한 실종선고심판청구

예전에 태어난 사람들 가운데는 전쟁 중에 또는 어린 시절 일찍 사망한 형제가 제적등본에 나타나는 경우가 있다. 이 경우 제적등본 상에 사망자로 기재가 되어 있지 않는 한 정당한 상속지분을 갖는 상속인이 된다. 이미 죽은 자라 해도 행정기관에 신고가 되어야만 하는 것이다. 이 경우 많이 하는 것이 실종선고심판청구를 하는 것인데 심판 결과가 나오기까지 시간이 많이 걸린다는 단점이 있다. 이는 결국 등기할 때까지 문제가 될 수 있으니 미리미리 신청을 하여 결정을 받아 두어야 한다.

02
농지개혁법의 허점

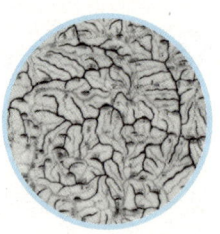

📍 지가증권 발급과 분배농지, 상환대장의 제작

    사실 조상 땅 찾기의 시발점은 농지개혁법 시행 당시부터 본격화된 것으로 볼 수 있다. 당시 서울 등지에 살면서 경기도나 여타 지방에 대규모 농지를 갖고 소작을 주던 대지주들은 이 법 시행으로 지가증권이라는 형식적인 보상으로 땅을 거의 빼앗기는 지경에 이르게 된다. 경자유전의 원칙으로 농토를 경작하는 농민들에게 농지를 분배하고 상환대장을 만들어 갚게 되면 땅을 나누어 주었으나 당시 어려운 시절이라 이 역시도 잘 지켜지지 않았다. 이후 상환도 되지 않고 농지개혁에서 제외된 땅들을 지주에게 다시 돌려주어야 함에도 국가는 신속한 토지개혁과 소유관계 정리를 위하여 순차적인 특별조치법으로 등기를 정리해 나가기 시작한다. 당시 마을 이장 등 동네사람들에게 막걸리를 사주고 3인의 보증을 얻으면 땅 1필지를 내 소유로 하는 것이 어렵지 않던 시절이었다. 여기에 군청에 근무하는 공무원 아들만 있어도 소유자가 나타나지 않아 방치하여 남아도는 땅을 이전하여 올 수도 있었다는 이야기들도 전해 내려온다.

📍 토지사정인으로의 일괄적인 보존등기 경료

본 법의 적용을 받기 위해서는 말 그대로 농지여야만 한다. 한 지방 마을의 경우 대지주가 서울에 살고 있는데 전쟁 통에 그가 죽었다는 소문이 돌자 우선은 그를 사정인으로 하여 구대장과 구등기가 일괄적으로 누군가에 의해서 정리가 되고(본인이나 후손이 하지 않은 보존등기가 이루어지기도 한다.) 바로 특별조치법으로 이전등기가 이루어지게 된다. 이 과정에서 농지가 아닌 도로나 하천 등은 아무도 가져가지 않아 보존등기가 된 채로 남아있기도 하며 이를 지주의 후손이 찾을 경우 국가가 도로공사 등을 하거나 하천이 국가로 편입되어 한시법으로 보상법이 생기면 보상을 받기도 한다.

> 미등기의 토지 또는 건물에 관한 소유권보존등기는 다음 각 호의 어느 하나에 해당하는 자가 신청할 수 있다.(법 제65조)
> 1. 대장(토지, 임야 또는 건축물 대장)에 최초의 소유자로 등록되어 있는 자 또는 그 상속인, 그 밖의 포괄승계인(포괄적 수증 자, 법인이 합병된 경우 존속 또는 신설 법인, 법인이 분할된 경우 분할 후 법인 등) 부동산등기법 제65조 제1호에의 '그 밖의 포괄승계인'에 '포괄적 유증을 받은 자'가 포함된다.

2. 확정판결에 의하여 자기의 소유권을 증명하는 자
3. 수용으로 인하여 소유권을 취득하였음을 증명하는 자
4. 특별자치 도지사, 시장, 군수 또는 구청장의 확인에 의하여 자기의 소유권을 증명하는 자(건물의 경우로 한정한다.)

■ 대판 1987. 5. 26. 86다카 2518 판결
소유권보존등기는 새로이 등기용지를 개설함으로써 그 부동산을 등기부상 확정하고 이후는 그에 대한 권리변동은 모두 보존등기를 시발점으로 하게 되는 까닭에 등기가 실체법상의 권리관계와 합치할 것을 보장하는 관문이며 따라서 그 외의 다른 보통등기에 있어서 와 같이 당사자 간의 상대적 사정만을 기초로 하여 이루어질 수 없고 물권의 존재 자체를 확정하는 절차가 필요하다.

농지개혁법의 적용대상

본 법은 농지만을 편입대상으로 하며 임야, 묘지, 하천 등은 농지에서 제외되는 것이 원칙이었다. 그러나 당시 측량기술이 일반적으로 보급되던 시절이 아니어서 어디까지가 농지이고 농지가 아닌지가 불분명한 경우가 비일비재하였고 지목과 현황이 다른 것도 많았다. 일제 시대 작성된 토지조사부에도 임야조사부가 따로 있음에도 지목은 임야로 기재된 것도 보이는 등 명확하지 않은 것이 사실이다. 사실이 이렇다 보니 농지라고 분배받은 땅이 사실은 반절이상이 도로나 하천인 경우도 있고 이 경우 농민은 절대 전체면적을 상환하지 않았을 것으로 추측을 할 수 있다. 또한 당시 농지가 아니었음은 1950년 항공사진, 지

가증권의 삭선기재(실제 지가증권에서 농지가 아닌 면적만큼은 나중에 빼고 보상을 한 흔적 등을 발견할 수 있다.) 등 여러 정황을 통해 확인할 수 있는 것이다.

농지개혁법의 잘못된 적용으로 인한 이후 이전 과정의 무효주장

사실 농지주변에 그 활용을 위해 몽리시설 등 꼭 농지가 아니어도 부속된 토지까지 농지로 쳐 줄 수 있다고는 하나 그래도 명백히 농지가 아니었던 땅은 이제라도 원 소유자에게 돌려주어야 하는 것이다. 처음부터 농지개혁법의 적용대상이 아니었던 땅의 소유권 이전은 무효인 것이고 이러한 무효인 일종의 행정처분은 시간이 아무리 흘러도 무효인 것이다.

03
특별조치법은
정말 깰 수 없는 것일까

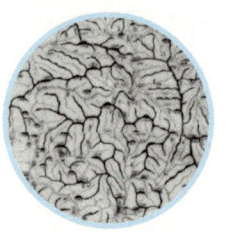

📍 특별조치법의 강력한 추정력

판례는 특별조치법에 강력한 추정력을 부여하고 있다. 추정력이라함은 등기 당시 공무원이 어지간히 알아서 엄격하게 심사하였겠는가라고 판단하여 일단 등기가 되면 강력한 증거가 없는 한 적법한 원인으로 등기가 경료되었다고 여겨 주는 것을 말한다. 이렇게 인정하여 주지 않으면 수 십 년에 걸쳐 쌓아온 권리관계가 한순간에 무너져 법적 안정성이 보장되지 않기 때문이다.

📍 보존등기와 이전등기의 추정력은 다르다.

보통은 보존등기보다 이전등기의 추정력이 강하다고 본다. 만일 토지조사부나 구 대장의 첫 칸에 사정인으로 기재되어 있는 자와 실제 보존등기를 마친 자가 다른 경우는 사정인의 상속인임을 증명하여 보존등기를 깰 수 있다. 이전등기의 경우에는 증명하기도 어려울 뿐 아니라 이후의 선의의 제3자가 등기부나 점유취득시효를 주장할 수 있기 때문에 여러 가지로 어려운 소송이 된다.

특별조치법 보증관계서류는 1990년도 이후부터 찾을 수 있다.

특별조치법을 깨는 가장 성공적인 케이스는 1990년도 이후에 보증서류에 의하여 등기를 마쳤고 그 서류가 구청이나 등기소에 보관되어 있는 경우이다. 이 보증서류를 정보공개청구에 의하여 발급받아 보면 1인이 보증인들의 서명을 대신하고 있거나 이미 사망한 자가 보증인으로 들어가 있기도 하며 보증인등을 재판에 증인으로 세우면 말을 번복하는 등의 방법으로 특별조치법을 깰 수 있는 길이 열리게 된다.

04
국가의 최후의 보루, 취득시효 항변

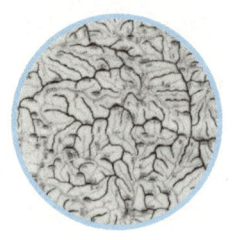

📍 승소율이 높은 소송유형

보통 조상 땅 찾기 소송은 승소율이 높은 것으로 토지 사정 명의자의 후손이 국가가 마친 보존등기 말소소송을 제기하는 것이다. 이 경우 국가가 뚜렷한 근거 없이 장기간 소유자가 나타나지 않자 필요에 의해 임의로 등기를 마친 것으로 등기원인이 불분명하여 많은 경우 깨지게 된다. 이때에는 관건이 오히려 사정인의 후손과 원고가 맞는지, 사정인이 동명이인이 아닌지 등이 다툼의 대상이 된다.

📍 국가의 취득시효 항변

등기부 취득시효란 선의로 등기를 하고 10년이 지나면 권리관계를 인정하여 주는 것이고, 점유취득시효란 실제 토지를 농사를 짓거나 하는 식으로 20년 이상 점유를 하면 권리관계를 인정하여 주는 것이다.

국가가 소송에서 주위적 항변이 받아들여지지 않으면 늘 하는 것이 바로 취득시효 항변이다. 취득시효는 특별조치법 보다 더 강력한 조상 땅 소송의 장애물이다. 오랫동안 형성된 권리관계의 안정화를 위하여 법이 특별히 인정하고 있는 것이기 때문이다.

> ■ 대판 1998. 7. 14. 97다 34693 판결
>
> 민법 제245조 제2항은 부동산의 소유자로 등기한 자가 10년간 소유의 의사로 평온 공연하게 선의이며 과실 없이 그 부동산을 점유한 때에는 소유권을 취득한다고 규정하고 있는 바 위 법 조항의 등기는 부동산등기법 제15조가 규정한 1부동산 1용지주의에 위배되지 아니하는 등기를 말한다.

> ■ 대판 1992. 11. 10. 92다 29740 판결
>
> 부동산의 점유자는 소급하여 20년 이상 점유한 사실만 입증하면 다른 반대의 사정이 없는 한 20년 이전의 기산점을 선택하여 취득시효의 완성을 주장할 수 있다고 보아야 하고 반드시 점유의 최초 개시일이 구체적으로 언제라고 확정되어야 된다고 할 필요는 없으나 점유기간 중에 당해 부동산의 소유권자에 변동이 있는 경우에는 취득시효를 주장하는 자가 임의로 기산점을 선택하거나 소급하여 20년 이상 점유한 사실만 내세워 시효완성을 주장할 수 없다.

> ■ 대판 1993. 1. 15. 92다 12377 판결
>
> 취득시효 기간 중 계속해서 등기명의자가 동일한 경우에는 그 기산점을 어디에 두든 지간에 취득시효의 완성을 주장할 수 있는 시점에서 보아 기간이 경과한 사실만 확정되면 충분하다.

> ■ 대판 1998. 4. 14. 97다 44089 판결
>
> 취득시효 기간의 계산에 있어 그 점유개시의 기산일은 임의로 선택할 수 없으나 소유자의 변경이 없는 경우에는 취득시효 완성을 주장할 수 있는 시점에서 보아 그 기간이 경과된 사실만 확정하면 된다.

📍 취득시효는 절대 깰 수 없는 것인가

국가는 기본으로 20년의 취득시효 기간을 인정받는 것에 있어서는 문제가 없다. 그러나 이 취득시효도 법률상 요건으로 자주, 점유, 평온, 공연하게 내 땅이라 인식하고 점유를 하여야 하는 것이다. 만일 일명 판례상 악의의 무단점유라 일컬어지는 점유, 즉 국가가 등기원인이 잘못되었음을 알면서도 장기간 점유를 하는 것은 취득시효를 인정받을 수 없는 것이다. 예를 들면 창씨개명을 오인하여 일본인 재산인 줄 알고 권리귀속을 시켰어도 쉽사리 사정인 명의 토지임을 알 수 있었던 경우에는 취득시효가 부정되는 것이다. 이는 국가뿐 아니라 점유의 시초가 악의인 자의 후손이 대대손손 상속으로 점유하고 있어도 동일한 원리가 적용된다.

05
국가에게 조상 땅을 팔고 보상을 받는 방법

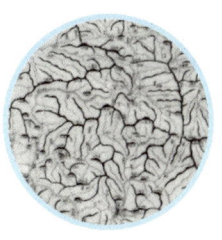

📍 지목이 도로인 토지

지적전산망 조회나 조상 땅 찾기를 통해 땅을 찾은 많은 경우 지목이 도로인 경우가 많다. 이는 분배농지 대상에서도 제외되었고 여타 특별조치법을 통해서도 굳이 소유권을 이전하여 갈 필요성이 없거나 누군가 탐을 내지 않아 방치되는 경우가 많기 때문이다. 도로도 여러 사람의 공용으로 쓰이고는 있으나 엄연히 사적 소유권의 대상이기 때문에 이를 찾아야만 하는 것이다. 우선은 해당 도로가 일제 시대부터 도로였는지 아니면 지방자치단체나 관청에서 도로공사를 하면서 확장 또는 개설한 도로인지를 알아보아야 한다. 이와 같은 자료는 해당 관청에 다 보관되어 있다.

📍 미불용지보상

　군청이나 관청에서 도로공사를 하면서 소유자를 알 수 없어 일단 도로를 개설한 경우 나중에라도 해당 도로의 상속인은 관청을 상대로 미불용지 보상을 신청할 수 있다. 미불용지 보상의 경우 현재는 도로라도 그 이전 상태의 지목기준이기 때문에 거의 전, 답 기준으로 보상기준이 잡힌다.(도로는 보통 토지가격의 3분의1로 저감되어 책정된다.) 또한 매각 당시 감정평가에 의해 공시지가가 아닌 시가로 보상되기 때문에 보상금액이 큰 편이다. 이 경우 감정평가가 중요하기 때문에 상속인이 감정평가사를 추천하거나 감정평가 현장에 다녀오는 등 가액을 높일 수 있는 방법이 있다.

📍 보상액 지급시기

　보통은 미불용지보상대장상 대기자가 있기 때문에 리스트의 순번에 의해 보상금이 지급된다고 하며 그 액수도 일괄지급이 아닌 분할 지급이 되는 경우도 있다. 이 경우 사전에 사용, 수익권을 포기하지 않는 한 국가를 상대로 소급하여 5년 치의 도로사용료 청구인 부당이득 반환청구가 가능할 것이고, 보상시점이 늦어질 경우 감정평가를 다시 받을 수도 있다.

당신이 몰랐던
조상 땅 찾는 비법

PART 4

나 홀로 조상 땅 찾기의 본론

- 우리나라 첫 부동산 등기제도
- 01 일제 시대 작성된 토지조사부
- 02 토지에 관련된 각종 공부
- 03 역사에 따른 각종 법규의 연혁
- 04 귀속재산 처리법
- 05 행정기관의 지적전산망 조회 시스템
- 06 권리 추정력을 받지 못하는 토지대장
- 07 소유자 행방불명
- 08 지세명기장과 임야세명기장

■ 우리나라 첫 부동산 등기제도

우리나라에 근대적 등기 제도가 최초로 도입된 것은 대한제국 시기인 1906년 1월에 제정된 토지가옥 증명규칙(칙령 제65호)의 시행부터이다. 토지가옥 증명규칙은 과도기적인 공시 제도라고 볼 수 있는 부동산증명 제도를 채택하여 시행한 것이다.

01
일제 시대 작성된 토지조사부

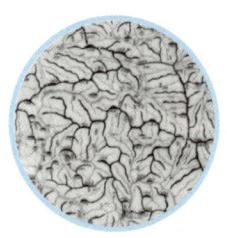

  일제 강점기 시기의 구 토지조사령(1912. 8. 13.)에 의하여 일본은 우리나라 땅 모두에 대하여 2회에 걸쳐 측량을 실시하고 번지를 부여하였는데 이를 사정이라 한다. 그리고 이때의 기재된 장부를 토지 조사부라고 한다. 조사부의 사정기재 내용은 특별히 변경이 되었다는 등의 반증이 없는 한 토지 소유자로 지금까지 인정되고 있으며 사업을 시행하면서 작성된 토지 조사부에는 인적 사항이 기재되어 있다. 이때 이름만 나와 있는 경우에는 관보나 공고문 또는 과세부를 대조하여 찾아가면 된다.

  일제 강점기의 토지 조사령에 의하여 행해진 토지 조사 사업에서 토지 소유자로 사정 받은 사람은 소유권을 원시적으로 취득하는데 사정은 소유권을 원천적으로 인정받게 한다. 그 당시의 사정 이후 100여 년에 이르는 기간 동안 토지에 관한 변동원인이 적지 않지만 그러한 사회적 현상의 변화에도 불구하고 사정 명의인의 후손은 일단 상속이라는 포괄적 권리승계에 의하여 사정인이 가지던 소유권의 승계취득을 쉽게 증명할 수 있는 것이다. 이하는 토지조사부에 관한 판례의 내용이다.(대법원 1986. 6. 10. 선고 84다카 1773 전원합의체 판결) 토지조사령(1912. 8. 13.)에 의한 토지조사부에 토지 소유자로 등재되어 있는 자는 재결에 의하여 사정내용이 변경되었다는 등의 반증이 없는 이상 토지 소유자로 사정 받고 그 사정이 확정된 것으로 추정할 것이다.

02
토지에 관련된 각종 공부

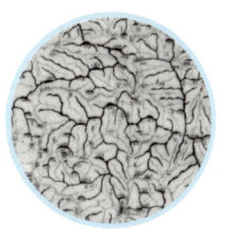

　일제 강점기부터 만들어져온 것으로는 토지조사부, 임야조사부, 지적원도, 임야원도, 지적도, 분배농지 상환대장 등 많은 것들이 있다.
　이러한 공적 장부들은 토지사정이 기초를 이루고, 일제 강점기 때 이루어진 전국 토지 조사 사업에서 근간을 이루며 그러한 것들이 쌓이고 쌓여 해방이 된 후 일본인 명의의 재산은 귀속 처리되었는데 그 과정에서 잘못된 것, 그리고 일본인 명의로 된 것이 실체적 진실에 의거한 것인지도 확증이 안 되는 점, 일본인 이외의 우리나라 사람 명의로 된 토지도 창씨개명 등의 문제로 모두 소유관계를 명확히 확정적으로 단언할 수 없기에 지금도 명의인이 진실한 소유자가 아니라는 분쟁이 재연되고 있다. 그런 관계로 각종 대장과 등기에 관하여는 언제라도 반증이 입증되면 실체적 진실관계로 환원되는 것이다.

03
역사에 따른 각종 법규의 연혁

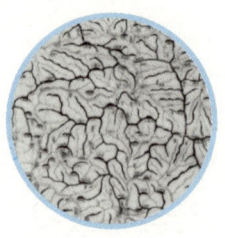

　우리나라는 유달리 토지점유자와 실소유자가 다른 경우가 많은데 이유는 일제 강점기 때문이었다. 이에 정부는 1)토지개량사업 2)토지개량사업법{1961년 법률 제948호} 3)토지개량사업 장기채 정리 특조법{1963년 법률 제1291호} 4)토지개량조합 5)토지개량조합연합회 6)토지과세기준 조사법{1957년 법률 제458호} 7)토지과세기준 조사위원회 설치 8)토지구획정리사업법{1966년 8월 3일자 법률 제1822호}등의 법률을 만들어 전국 토지를 개량하고 이용용도를 높이는 반면 진실한 점유자와 소유자를 가리는 사업도 병행하여 왔지만 한계가 있어 1970년대 부동산 소유권이전 등에 관한 특별조치법을 비롯하여 수없는 특별조치법을 실시하였다. 이때 진실하다는 증거자료 없이 점유만으로 보증을 하여 소유자로 인정하는 특별법도 시행하여 지금까지도 많은 문제를 야기하고 있다.

04
귀속재산 처리법

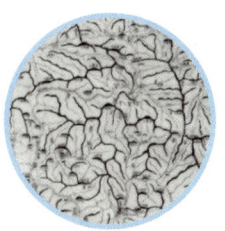

    귀속재산 처리법은 1949년 법률 제74호로 귀속재산을 유효 적절히 처리함으로써 산업부흥과 국민경제의 안전을 기함을 목적으로 제정한 법률인데 귀속 재산의 국유화 등을 정한 법으로써 일제 강점기 하에 일본인 명의로 있는 재산은 모두 국고로 환수한다는 것을 주된 내용으로 한다. 더불어 이 당시 일본 적산 관리인 명의의 등기 말소에 관한 법률도 제정되어 1961년 법률 제804호로 일본 적산 관리인이 관리하던 부동산에 관한 소유권의 귀속을 명백히 하기 위한 절차법이 발효되어 미국인등 한국전쟁 당시 연합국 및 한국 내에 설립된 외국법인의 소유 부동산을 관리할 목적으로 일본 적산 관리인 명의로 등기되어 있는 것은 이를 전부 말소하였다.

05
행정기관의 지적전산망 조회 시스템

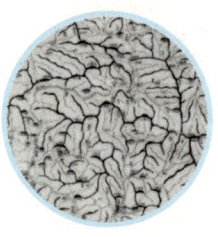

우리나라 지방 자치단체 등에서는 선친 땅 찾아 주기 서비스를 제공하는 실정이며 이 서비스는 지적 전산망으로서 선친의 땅 등 재산의 연관성을 현재의 상속인과 이어주는 서비스로서 토지 대장 등 전산기록을 말한다. 그런데 이 제도를 이용하려면 다음 사항을 유의하여야 한다.

조상의 이름만 있고 기타 인적 사항이 없을 때

조상의 이름만 있고 기타 인적 사항이 없을 때는 그 이름이 나와 있는 일제 강점기 시대의 문서가 발간된 배경을 찾아 예컨대 사정되었다면 그 선친의 소유임이 밝혀진 것이고 일제 강점기 때의 관보나 령의 형식에서 이름만 나와 있는 경우에는 그 지번 주소와 구 제적등본 등을 찾아 연결성을 찾아야 하며 과세대장까지 모두 대조하여 그 선친의 인적 사항을 확인하여야 하고 예전 법원 호적과에 비치되어 있는 과거 호적관련 문서도 대조하여야 한다.

📍 선친 땅 인근이 개발되어 도로가 형성

　선친 땅 인근이 개발되어 도로가 형성되고 임야가 농지로 바뀌는가 하면 그 지형에 많은 변천이 있는 곳이라면 수용, 환지, 분할, 합병의 모든 내막을 알아보아야 할 것이다. 보통 임야는 등록전환 사유를 토지대장을 통해 확인을 해야하고 이경우 면적을 산정하는 축적이 다르기 때문에 꼼꼼하게 검토를 하여야 한다. 또한 도로의 경우도 일제시대의 도로에서 4차선 고속도로로 바뀌는 등 도로가 대폭 확장된 경우가 많기 때문에 어디까지 도로에 편입된 것인지도 잘 살펴야 한다.

06
권리 추정력을
받지 못하는 토지대장

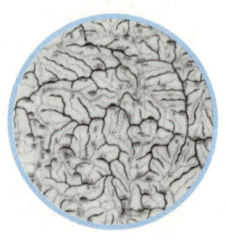

　1950. 12. 1.부터 시행된 지적법(법률 제165호) 및 그 시행령에는 멸실 된 지적공부의 복구에 관하여 규정한 바 없었고 1975. 12. 31.부터 시행되었던 지적법(법률 제2801호로 전면개정) 제13조에 근거한 같은 법 시행령 제10조는 지적 공부를 복구할 때는 소관청은 멸실 당시의 지적공부와 가장 부합된다고 인정되는 자료에 의하여 토지 표시에 관한 사항을 복구 등록하되 소유자에 관한 사항은 부동산등기부나 확정 판결에 의하지 않고 서는 복구 등록을 할 수 없도록 규정하고 그 부칙 제6조는 이영 시행 당시 지적 공부 중 토지표시에 관한 사항은 복구되고 소유자는 복구되지 아니 한 것(소관청이 임의로 소유자 표시를 한 것을 포함한다.)에 대하여는 제10조의 규정을 적용한다고 각 규정하였으므로 이와 같이 복구된 토지대장에 소유자 이름이 기재되어 있다 하더라도 이를 복구된 토지대장이라고 할 수 없고 그와 같이 복구된 토지대장에 권리 추정력을 인정할 수는 없다 할 것이다(대법원 1992. 1. 21. 선고 91다 6399 판결)라고 함으로써 1950. 12. 1.부터 1975. 12. 30. 사이에 시

행된 지적법의 시행 당시에 지적공부가 없어진 경우에 복구된 것은 인정할 수 없고 1975. 12. 31.부터 복구 등록이 된 토지대장은 진정한 소유자 권리자로 인정한다는 것이다.

07
소유자 행방불명

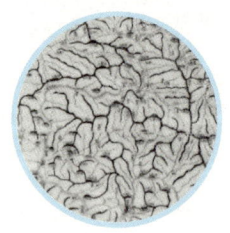

　진정한 소유자가 있는 토지에 관하여 그 소유자가 행방불명이 된 경우 즉 그가 사망하고 상속인도 없다 할 경우라 하여도 그 토지에 대하여 민법 제1053조 내지 제1058조에 의거 국가 귀속절차가 이루어지지 않은 이상 그 토지가 바로 무주 부동산이 되어 국가 소유로 귀속되는 것은 아니다. 즉 토지 소유자가 원래부터 없었던 것은 아니므로 무주 부동산이 아니라는 것이다. 이렇게 무주 부동산이 아닌 한 국유재산으로 등록되었다 하더라도 국가 소유로 되는 것이 아니라는 것이다. 이에 후손은 선친 토지였음이 분명하다면 그 부동산을 찾을 수가 있는 것이며 설령 그 부동산이 국유로 소유권 등기가 되어 있어도 반환받을 수 있다는 것이다. 이는 외형상 등기 소유자가 국으로 되어 있어도 실체적 진실이 우선이고 원칙이라는 뜻이다. 흔히 후손들은 국으로 소유권 등기가 된 경우 선친 토지라는 강한 신념을 가지고 있어도 포기하는 사례가 많으며 타인의 명의로 등기되어 있는 경우 찾는 것이 불가하다고 생각하는 경우가 많다. 그러나 부동산은 등기여하에 불구하고 그 진실한 소유권자가 누구인지가 제일 중요하므로 지금도 부동산 분쟁 중 타인 명의로 소유권 등기가 된 것에 대하여 그 소유권등기를 말소를 구하거나 이전하라고 청구하는 소송을 종종 볼 수 있다.

08
지세명기장과 임야세명기장

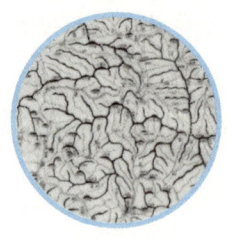

    이는 토지조사, 임야조사 사업을 실시한 후 토지대장 및 임야 대장을 조제한 다음에 이를 토대로 조세 부과 대상인 민간 소유 토지를 면 단위별 소유자별로 조제한 장부이다. 따라서 이는 오로지 조세 부과 목적으로 만들었다. 지금도 선친 땅을 추적하다 보면 몇 년 도에 지번 어느 곳을 대상으로 이름을 기재한 후 그곳을 기점으로 과세하였다는 자료를 찾아볼 수 있는데 일단은 이 자체로 선친이 조세를 납부하였다는 자료가 된다. 동시에 그 지번을 확인할 수 있음은 물론이다. 이에 그 지번을 토대로 현재의 지적공부와 부동산등기부등본상의 흘러온 역사를 볼 수 있다. 그렇게 하여 선친이 연관됨은 당연한데 연관이 안 되거나 중간에 선친이 빠져 버렸거나 다른 분할 합병으로 휩쓸려 간 경우 그를 확인하면 선친이 사정 받는 등 원인 행위를 찾아야 한다. 이렇게 추적하여 가는데 무엇보다도 중요한 것은 그 요령이다. 선친부터 나의 관계가 소명되고 법원 호적과를 경유하여 일제 강점기 시대의 연관까지 소급하여 감이 중요하다.

당신이 몰랐던
조상 땅 찾는 비법

PART 5

국유재산과 임야재산

01 개념 정리
02 부동산의 국유재산이라는 범주는 어디까지 인가?
03 국유재산의 개발이라는 것은 무엇인가
04 임야 대장의 실태
05 대장의 멸실 등에 대한 복구와 등록
06 은닉 재산에 대한 처리
07 소유자 없는 부동산 처리

01
개념 정리

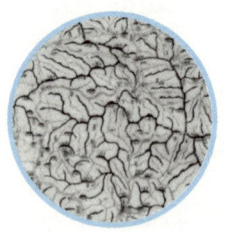

　일제 강점기 시대인 1917년부터 1924년 사이에 임야조사 사업을 시행하였고 재결이 완성된 때는 1935년이다. 그 후 귀속 처리되는 과정에서 가장 문제점이 많았던 것이 국유 재산이다. 임야는 지주가 항상 돌볼 수 없는 격지에 있고 일반인들이 통상적으로 사용 수익하는 부동산이 아닌 관계로 그 접근성이 용이하지 못한 경우도 있는데 임야는 상당 부분 국유로 귀속되고 특별조치법으로 보존 및 이전등기가 된 경우가 많다. 따라서 임야 부분에 대하여는 상당한 정보를 알아야 한다. 국유재산으로 된 것은 취득, 유지, 보존, 운용, 처분의 적정을 위하여 관리처분에 관하여는 법으로 정해야 한다는 것으로 특히 일제 강점기 이후 우리나라가 그 존재를 확실하게 하고 있다.

02
부동산의 국유재산이라는 범주는 어디까지 인가?

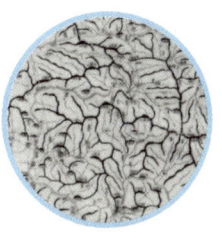

　우리나라에 있는 부동산과 그 종물, 정부 시설 등 과 부동산 신탁의 수익권이라 할 수 있다. 국유재산을 구분하면 행정재산과, 보존재산, 잡종재산으로 나눌 수 있다. 부동산이 국유화되어 있어도 그 이전 경위를 살피면 원인 없이 정부수립 당시 보존등기가 경료된 경우를 볼 수 있다. 이 경우 토지조사부의 사정인과 그 상속인들은 국유재산이라도 국가로 마쳐진 보존등기 등을 원인관계를 따져 다투어 볼 여지가 있다.

03
국유재산의 개발이라는 것은 무엇인가

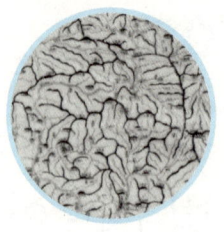

   일제 강점기 때부터 일본 치정 하에서 계속 개발하여 온 것을 모두 국가가 귀속한 이래 신탁개발, 위탁 개발을 하여 오고 있으며 그 국유재산이라 명명 한 것 중 선친 때부터 소유하던 재산이 국유재산으로 휩쓸려 분할이 되고 합병도 되어 개발을 지속하여 오다 보니 진정한 소유자의 재산이 외형상 타의 소유로 된 것이 있을 수 있으므로 원천적으로 귀속한 당시를 기준하여 일제 강점기 당시 사정되었던 자료를 찾아내야 한다.

04
임야 대장의 실태

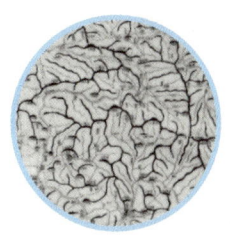

📍 임야 대장의 현실

　우리 관리청 등은 국유재산의 구분과 소관에 속하는 국유재산의 대장 등기부등본과 도면을 갖추고 있기 때문에 관심을 가지고 이를 토대로 소급하여 확인하다 보면 처음 사정 당시 진정한 소유자의 실체를 찾을 수 있다. 총괄청과 관리청은 국유재산에 관한 총괄청을 두어 관리하므로 관리 사무를 위임받은 공무원이나 위탁받은 자는 국유재산의 관리 처분을 위하여 필요하면 등기소 그 밖에 관계 행정기관에 필요한 서류의 열람과 등사 교부를 청구할 수 있다. 1920년 조선 총독부령으로 임야대장 규칙을 공포하고 임야 조사부를 토대로 임야대장을 만들었다. 이러한 것들이 현재 사용되고 있는 임야대장의 모태인 것이다 현재 이들은 구 임야 대장이라고 부른다. 이 대장은 1950. 12. 1. 지적법이 제정 되면서 폐쇄되었다. 최초로 만들어진 이 임야 조사부의 소유자란에 기록된 소유자를 그대로 옮겨 적었으므로 지금 임야대장에 최초로 소유자로 등록된 사람은 적법한 소유자로 추정 받는다. 따라서 이러한 임야대장은 부동산 등기법에서 말하는 등기원인 증서(아래표시와 같음)가 되므로 이를 기초로 소유권 보존등기를 하게 된다.

등기 원인증서

아직 등기된 적이 없거나 이미 이루어진 소유권 보존등기가 판결에 의하여 말소됨에 따라 등기부가 폐쇄된 경우의 부동산을 미등기 부동산이라 한다. 미등기의 토지에 대한 소유권 보존등기는 토지대장 임야대장에 최초의 소유자로 등록되어 있는 자 또는 그의 상속인 그 밖의 포괄 승계인이 신청할 수 있다고 부동산 등기법 제65조에서 규정하고 있다. 위 규정에 의하여 소유권 보존등기를 신청하려는 사람은 그 등기를 신청할 수 있는 등기원인을 증명한 서면으로 토지대장이나 임야대장을 제출하여야 하는데 이 대장을 등기 원인 증서라고 한다.

■ 대판 1987. 5. 26. 86다카 2518 판결

소유권보존등기는 새로이 등기용지를 개설함으로써 그 부동산을 등기부상 확정하고 이후는 그에 대한 권리변동은 모두 보존등기를 시발점으로 하게 되는 까닭에 등기가 실체법상의 권리관계와 합치할 것을 보장하는 관문이며 따라서 그 외의 다른 보통등기에 있어서 와 같이 당사자 간의 상대적 사정만을 기초로 하여 이루어질 수 없고 물권의 존재 자체를 확정하는 절차가 필요하다.

🔵 임야대장과 소유권

국유로 사정된 임야에 관하여 일제 강점기 하의 조선 총독부의 보안림 편입 고시에 개인이 소유자로 등재되어 있는 경우에 그 권리에 권리 추정력을 부여하는 것은 그 기초가 되는 보안림 편입 조서를 작성할 때 그 소유자를 조사하여 기재하도록 되어 있고 이는 당시에 임야대장에 따랐을 것이라고 여겨지기 때문이라 보여 지나 그 임야 대장 중 지적공부가 6.25전쟁 중 멸실 된 후에 보안림 해제 고시가 된 경우에는 그 고시에 특정 개인이 소유자로 기재되었다 하더라도 소유자로 된 구체적인 증거 등이 밝혀지지 않는 한 그 기재를 가지고 특정 개인을 당해 임야의 소유자라고 인정할 근거가 된 적법한 권리 추정력이 있는 관계 서류가 있다고 추정할 수는 없다 할 것인 바 이는 보안림 지정 예정지의 해제고시 자체도 6.25전쟁 이후에 있었기 때문에 권리 추정력이 없다 할 것이다. 따라서 임야대장 등과 관련한 각종 법령이나 지적 공부라는 것은 그 법률상 또는 적정 고시 때 등재된 것이라고 해석되어야 한다고 볼 수 있어야 한다는 것이다.

🔵 지적원도, 임야원도

조선 총독부 임야 토지 조사국에서 1910년부터 1924년까지 사이에 조선의 모든 국토에 대하여 토지 조사 사업과 임야 조사 사업을 시행할 때 임야를 제외한 모든 토지들은 한꺼번에 지적도를 그리고 임야는 임야만을 별도로 하여 임야도를 그렸다. 이 지적 원도 및 임야 원도는 현재 우리가 사용하고 있는 지적도 및 임야도의 근원이 된다.

05
대장의 멸실 등에 대한 복구와 등록

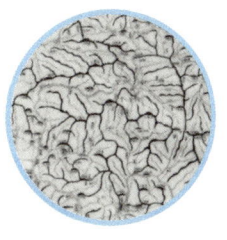

🔵 멸실에 대한보고

  국유재산은 멸실 되는 등의 사유가 있으면 그 사실을 관련기관에 보고하게 되어 있으며 총괄청은 국유재산 관리 운용보고서를 보고받으므로 모두 법으로 증명하여야 할 사항이 있으면 열람 등사내지 사실조사 촉탁을 할 수 있으며 국방부 소관 등 비밀사항으로 보호되는 것이 아니면 사실관계를 규명할 수 있다.

🔵 복구 등록

  한국전쟁 등의 사유로 토지대장 임야대장이 없어진 경우에 종전에 있었던 지적 공부와 같은 것을 새로이 만드는 것을 말한다. 1950. 12. 1.부터 1975. 12. 30.까지 사이에 시행된 지적법의 시행 당시에 복구 등록이 된 토지대장은 소유자 권리 추정력을 인정하지 않음이 판례 취지이다. 왜냐하면 당시 복구 등록할 법률이 없었기 때문이다. 그러나 전면 개정된 지적법이 시행되는 때인 1975. 12. 31.부터는 복구 등록된 토지 대장에 소유자로 등록된 자는 진정한 소유자로 인정된다. 토지대장 등도 여러 번 멸실 등 과 관계없이 그 시행이 바뀌었는데 선친 땅을 규명함에는 폐쇄된 대장도 떼어보아야 할 때가 있다.

06
은닉 재산에 대한 처리

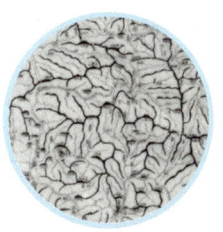

 은닉재산의 처분과 은닉재산의 자진반환에 관하여는 국유재산 관리처분 사항으로 정하고 있다.
 조달청은 부당하게 사유화를 진행한 일본인 명의의 땅을 찾아서 국가에 환수하는 업무를 진행하고 있다. 이 경우 보통 특별조치법으로 한국인 이름으로 변경된 경우가 상당수 존재한다. 조달청은 일제강점기 재조선 일본인 명단과 비교를 하여 국유화로 할 조사대상 토지로 확정하기도 한다.

07
소유자 없는 부동산 처리

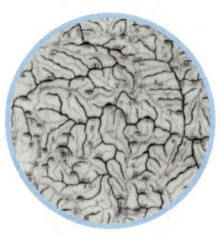

기초 개념

소유자가 없는 부동산은 국유재산으로 취득하고 총괄청이나 관리청은 이의 공고를 거치는 등 절차를 거쳐 소유자로 할 수 있으나 처분은 바로 하지 못하게 되어 있고 이런 부동산은 이의 공고 등 절차와 취득 절차상 그 소명자료가 잘 보관되어 있으므로 진실한 권리자는 원인을 파악하기가 어렵지 않다.

원인 행위

선친이 계약증서 없이 부동산을 구두로 매수 한 후 등록이나 등기 없이 사망하거나 그 외에 지금에 와서는 규명하기 힘든 재산으로 된 것들에 대하여는 원칙적으로 후손이 상속하여야 정당한 실체적 관계가 된다 할 것이다. 그러나 매매를 하였다는 등 선친이 소유권자임이 틀림없다는 입증을 하여야 한다.

📍 법률행위에 의한 부동산 물권 변동

 민법 제187조는 상속, 공용징수, 판결, 경매, 기타 법률의 규정에 의한 부동산에 관한 물권의 취득은 등기를 요하지 아니한다. 그러나 등기를 하지 않으면 처분하지 못한다. 부동산 등기법도 1960. 1. 1. 처음 시행되었다. 법률 행위란 당사자 쌍방 또는 일방의 의사표시에 의하여 권리변동이라는 법률상의 결과를 발생시키는 원인 중의 하나를 말하는 것으로 매매, 증여, 교환이 여기에 해당한다. 이들은 법률의 규정에 의하여 권리변동이 발생하는 것이 아니므로 소유권 보존등기 또는 이전등기 등을 하여야만 비로소 소유권을 취득한다. 우리의 부동산 등기는 한자기재부터 타자기 기재 그리고 컴퓨터 등기부로 바뀌었는데 이전의 등기는 모두 폐쇄되었고 그것은 영구 보존이므로 과거의 행적을 찾아보려면 구, 등록 등기를 찾아봄이 필수적이다. 즉 등록부나 등기부의 폐쇄부를 떼어 보는 것은 중요하다.

당신이 몰랐던
조상 땅 찾는 비법

PART 6

상속 등에 의한 소유권회복

- 01 서 설
- 02 미등기 토지
- 03 국가 등이 소유권 보존등기를 한 경우
- 04 무주 부동산의 국가 귀속 절차
- 05 무주 부동산과 상속인
- 06 국가 등이 소유권을 취득하는 경우
- 07 상속인 앞으로 소유권 반환받는 절차

01
서설

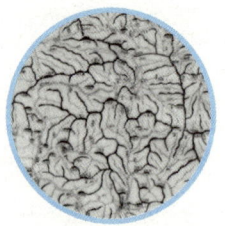

    선친의 소유 토지 등이 밝혀지는 경우 현재의 상속인 명의로 소유권등기가 되어야 모두 마무리되는데 그 과정에서는 먼저 선친토지임을 밝혀내고 이후 상속인임을 소명함과 더불어 소유권이전등기 말소등기 절차이행 또는 진정명의 회복등기 내지 소유권 이전등기 등의 절차를 밟아야 한다.

02
미등기 토지

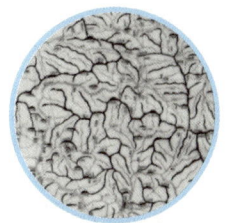

  미등기 토지란 선친이 소유하던 땅을 찾고 보니 부동산 등기부가 없는 경우이다. 소유권 보존 등기를 누구도 한 적이 없거나 등기부가 멸실 되었기 때문이다. 여러 예는 있지만 6.25전쟁 당시에 토지대장 임야대장이 소실된 지역에서 주로 발견되고 있다. 미등기인 땅을 찾았다는 것은 토지 조사부 또는 임야조사부를 찾은 경우를 의미하거나 또는 조선 총독부가 발행한 관보에서 선친이 소유하고 고시된 사실을 찾은 경우일 것이다. 이 경우에는 찾은 자료 및 선친으로부터 나까지 연결되는 제적부 등 자료와 토지대장이나 임야대장 부동산 등기부등본 등 서류를 준비하여 즉시 소유권 보존등기를 하면 된다.

03
국가 등이 소유권 보존등기를 한 경우

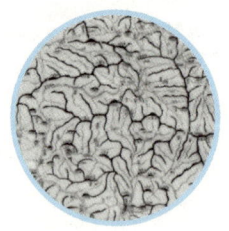

　국가 등이 소유자가 되는 경우는 토지조사사업, 임야조사사업 당시에 소유자로 사정 받은 경우, 위 조사 사업 등이 끝난 뒤에 개인으로부터 매수, 또는 수용한 경우, 일본국이나 일본인들이 소유하다가 가버린 경우 등의 땅일 것이다. 위와 같은 사유에 해당하지 않는 땅 즉 나의 선친이 소유하던 땅이었으나 어떤 이유인지 알 수 없이 국가 등이 소유권 보존등기를 한 경우에는 국가나 지방자치단체를 상대로 소유권 보존등기 말소 또는 소유권 확인 소송을 제기할 수 있다.

■ 대판 2009. 10. 15. 2009다 48633 판결

미등기토지의 지적공부상 국가로부터 소유권이전등록을 받은 자를 상대방으로 하여 소유권확인을 청구할 수 있다.

대장상 소유권이전등록을 받았다 하더라도 물권변동에 관하여 형식주의를 취하고 있는 현행 민법상 소유권을 취득 했다고 할 수 없으므로 대장상 소유권이전등록을 받은 자는 자기 앞으로 바로 보존등기는 신청할 수는 없으며 대장상 최초의 소유명의인 앞으로 보존등기를 한 다음 이전등기를 하여야 한다.

■ 대판 1994. 12. 2. 93다 58738 판결

토지(임야)대장상의 소유자 표시란 이 공란으로 되어 있거나 소유자 표시에 일부 누락이 있어 '대장상의 소유자를 특정할 수 없는 경우'에는 국가를 상대방으로 하여 소유권 확인을 구할 수 있다.

04
무주 부동산의 국가 귀속 절차

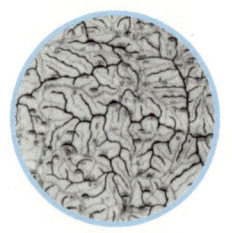

  민법에 의한 국가귀속 절차를 보면 이 절차는 피상속인이 사망한 뒤 상속인이 없는 것으로 보이는 경우에는 상속인 수색공고를 하며 이 공고 기간 내에 상속인임을 주장하는 자가 없으면 가정법원이 피상속인과 생계를 같이 하고 있던 자, 피상속인의 요양 간호를 한 자 등 피상속인과 특별한 연고가 있던 자의 청구에 의하여 그 청구인에게 상속재산의 전부나 일부를 분여 할 수 있고 이러한 분여가 없거나 남은 재산은 국가에 귀속한다. 그러나 진정한 상속인이 있는 토지라면 그 소유자가 행방불명되었다 하여도 바로 민법에 의하여 국가에 귀속되지 않은 이상 그 토지가 바로 무주 부동산이 되어 국가 소유로 되는 것은 아니다. 또한 무주 부동산이 아닌 국유재산법 제8조에 의한 무주 부동산의 처리 절차를 밟아 국유재산으로 등록되었다 하여도 국가 소유로 되는 것도 아니다. 따라서 외형상 국유재산으로 등록된 재산이라 하여도 바로 국가 소유로 인정되는 것이 아니고 후일상속인이 나타나면 현 상속인 재산으로 되는 것이다.

05
무주 부동산과 상속인

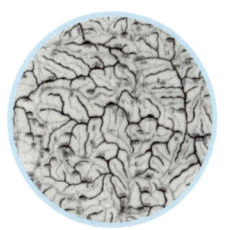

　단 원래 주인이 없는 무주 부동산과 상속인 없이 사망한 피상속인의 재산은 민법의 규정에 의하여 국유로 된다. 그리고 구 농지개혁법에 의하여 농지를 취득하는 것은 법률의 규정에 의한 취득에 해당되므로 등기 없이도 소유권을 취득한다. 그리고 국유재산법 제8조에 의한 무주 부동산 공고 절차를 밟아 국유재산으로 등록되었다 하여 국가 소유가 되는 것도 아니며 국유재산법 제8조에서 무주의 부동산을 국유로 취득하는 절차를 규정하고 있으나 이는 단순히 지적공부상의 등록 절차에 불과하고 이로써 권리의 실체 관계에 영향을 주는 것은 아니다.

06
국가 등이 소유권을 취득하는 경우

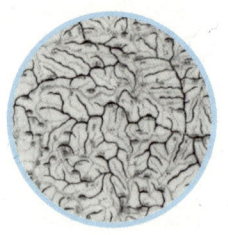

　선친이 땅을 국가 등에 매도하였을 때는 당연히 국가 등이 소유권자가 된다. 그리고 토지를 수용하였을 경우 수용주체를 국가 등과 같이 보면 된다. 수용 등의 경우 토지의 최종 소유자가 사망한 경우에는 상속인을 찾으며 상속인을 찾을 수 없거나 최종 소유자를 알 수 없는 때에는 수용 보상금을 변제공탁한다. 즉 수용자도 국가 등과 같이 취급한다는 것이다. 따라서 국가 등이 아니라 하여도 수용되었을 경우 국가 등의 행위와 같음을 알아야 한다.

07
상속인 앞으로
소유권 반환받는 절차

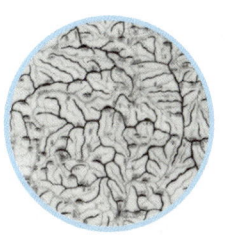

　상속인은 피상속인의 법률상 지위를 그대로 상속한다. 따라서 피상속인이 소유권 보존등기나 소유권 이전등기를 실행할 수 있었던 상황인 경우에는 상속인이 동일한 권리를 실행할 수 있다. 이때 권원 없는 타인의 소유권 보존등기나 소유권이전등기의 경우 그 타인을 상대로 그 등기의 말소절차를 이행하라는 권리를 행사할 수 있고 다른 한편 상속인 앞으로 직접 이전하라는 원상회복 절차도 취할 수 있음은 물론이다. 여기서 진정명의 회복을 위한 소유권 이전등기 청구는 이미 자기 앞으로 소유권 등기가 있었거나 법률에 의하여 소유권을 취득한 자가 진정한 등기 명의를 회복하기 위한 방법으로 현재의 등기 명의인을 상대로 그 등기의 말소를 구하는 것에 갈음하여 허용되는 것으로 이는 소유권에 기한 방해배제 청구권의 일종으로 현재의 등기명의자를 상대로 진정한 소유자라는 주장을 할 수 있어야 한다.

당신이 몰랐던
조상 땅 찾는 비법

PART 7

농지법

01 농지에 대한 개념정리
02 농지법상 농지 취득
03 농지개혁 이후 개간된 농지
04 위토가 수용 협의 취득된 경우
05 환매권에 의한 농지 취득
06 시효 완성에 의한 농지 취득문제
07 정보공개 신청으로 발급받은 위토대장
08 농지취득자격 증명원이 불필요한 특례
09 농지개혁법과 부동산 소유권 이전등기 등에 관한 특별조치법 상호 관계
10 지목이 대지에서 전으로 바뀐 경우의 해석론
11 분배되지 않고 원 소유자에게 환원된다는 판례
12 분배 농지 확정을 위한 대지조사
13 특별조치법

01
농지에 대한 개념정리

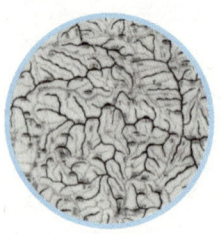

　1996. 1. 1.부터 시행된 농지법은 과거와는 달리 어느 정도 상당히 개방된 상태이나, 과거에는 농지를 취득하려고 하는 자는 반드시 해당 토지가 속한 농지위원회 확인을 받아 소재지 관서의 장으로부터 농지를 취득할 자격이 있다는 농지 매매 증명을 받아야만 매매나 증여와 같은 법률행위가 유효하게 되었고 등기신청도 가능하였다. 농지법 시행 후에는 농지취득 자격증명원으로 대체되었지만 일제 강점기 전후와 해방 후 당시에는 농지라는 것은 상당히 까다롭게 자격득실에 관한 규정이 적용되어 우리 선친들이 남긴 농지는 비교적 그간의 자료가 여기저기 산재 한 체 오늘날에 이르렀다. 따라서 농지에 관한 법적용 흐름을 잘 파악하는 것이 상당히 중요하다.

02
농지법상 농지 취득

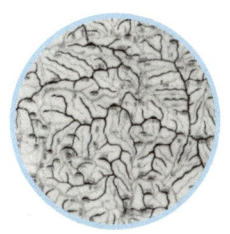

현행 농지법 제8조 제1항은 원칙적으로 농지를 취득하고자 하는 자는 농지의 소재지를 관할하는 시장 구청장 등으로부터 농지취득 자격증명을 발급받도록 규정하고 있고, 제4항은 농지취득 자격증명을 발급받아 농지에 관한 소유권이전등기를 신청할 때에 이를 첨부하여야 한다고 규정하고 있다.

03
농지개혁 이후
개간된 농지

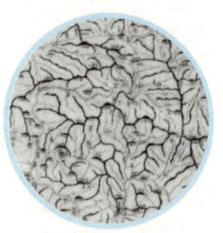

    농지개혁 당시 임야이었으나 그 후 일부 개간되어 분할되면서 농지로 지목 변경된 경우가 상당히 많은데 이렇게 지목이 변경되고 임야가 농지로 되는 과정에서 선친이 가지고 있던 토지가 임야인 경우, 이후 변형되고 분할 합병되어 농지로 현재 타인명의로 점용 되는 경우, 혹은 토지수용이나 도시개발이 되어 주변 환경이 전부 변형된 경우 우선 도시계획확인원을 떼어 주변일대를 살핀 후 지난번에 어떤 것으로 시작되어 이 주변이 이렇게 변형되었는지를 찾은 후 과거 지목변경 전의 임야, 토지는 누구의 것이었는가를 살펴 선친 토지를 찾아가야 한다.

04
위토가 수용 협의 취득된 경우

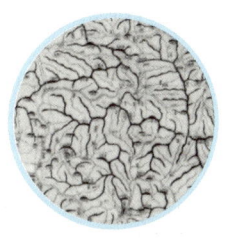

　현행 농지법상 종중은 원칙적으로 농지를 취득할 수 없으며 위토를 목적으로 농지를 취득하는 것도 허용되지 아니한다. 종중의 기존 위토인 농지가 토지수용법 또는 공공용지의 취득 및 손실 보상에 관한 특례법에 의하여 수용 또는 공공용지 협의취득되어 그 보상금으로 새로이 위토를 구입하여 종중원 명의로 명의신탁한 경우에도 명의신탁 해지를 원인으로 종중 명의로 소유권 이전등기를 신청할 수는 없다. 현행 농지법 하에서 종중은 농지개혁 당시 위토대장에 등재된 기존 위토인 당해 소유 농지에 한하여 귀속 소유할 수 있으나 이때의 기존 위토란 농지개혁 당시에 위토 대장에 종중의 위토로서 등재되어 있는 그 당해 농지를 말하는 것이므로 종중이 기존에 농지를 위토로 소유하고 있었다 하더라도 그 농지가 수용되어 그 보상금으로 새로이 구입한 다른 농지를 위토로 취득할 수는 없을 것이다(1999. 4. 30. 등기 3402-467 질의회답). 이를 보더라도 종중에서는 비교적 원칙적으로 그 위토가 관리 소유 보존되어 있다는 것이다. 다른 일반 임야나 농지는 수용 분할 합병에 의하여 실체적 진실관계가 현재의 농지법상 제대로 표현되지 않을 수 있으나(물론 소급하여 추적하면 밝혀지겠지만) 종중 명의로 된 것은 단순하게 보존 이전등기되어 있으므로 더욱 종중 재산이 분리 합병되어 타인의 재산을 흡수하고 있다면 더욱 확연하게 구 선조의 재산을 추적할 수 있다.

> ■ 대판 1970. 2. 10. 69다 2013 판결
> 문중 또는 종중과 같이 사실상 사회생활상의 단위를 이루는 경우에는 법률상 특수한 사회적 작용을 담당하는 독자적 존재가 될 수 있다고 할 것이므로 이러한 법인 아닌 사단 내지 재단이 권리능력의 주체는 될 수 없다고 하여도 민사소송법상의 당사자 능력이나 등기능력은 있다.

05
환매권에 의한
농지 취득

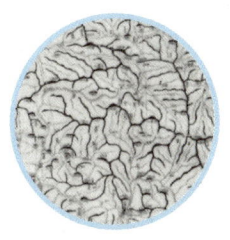

　공익사업을 위한 토지의 취득 및 보상에 관한 법률 제91조의 규정에 의한 환매권자가 환매권을 행사하여 농지에 대한 소유권 이전등기를 신청하는 경우에는 농지취득 자격 증명을 첨부할 필요가 없는 바 이는 이 법률에 의한 환매권을 행사하는 경우와 같다는 것으로 구 행위로 인한 환매권의 약정으로 인한 법률효과가 후행 효과에 미치는 것으로 농지에 관하여 특례라 할 수 있다. 따라서 선친의 토지가 일단 사정되었거나 구 토지대장이나 임야대장에 한번 등재된 사실이 밝혀지면 그 후 그 부동산의 행적이 일목 묘연하게 나타남을 의미한다. 환언하면 일제 강점기 시절 일단 선친의 재산으로 된 사실을 입증하기만 하면 이후 여러 번 변경 절차를 거쳤다 하여도 쉽게 찾을 수 있다는 것이다.

06
시효 완성에 의한 농지 취득문제

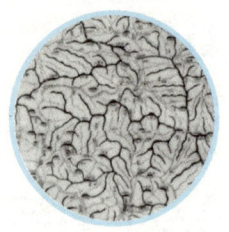

　농지법 시행령 제7조에 의하면 시효의 완성으로 농지를 취득하는 경우에는 농지취득 자격증명을 발급하지 아니하도록 규정되어 있으나 이는 농지의 소유제한에 해당하지 않는 한 농지취득자의 증명의 첨부 없이 소유권등기가 가능하다는 것이다. 따라서 농지 취득 제한에 해당하는 경우 농지를 취득할 수 없음은 여전하다. 여기서 시효 완성이란 물론 소유의 의사로 점유하여 평온 공연성을 인정받는 경우에 한하므로 반증이 있는 한 그 소유권은 진정성이 인정되지 아니한다.

07
정보공개 신청으로 발급받은 위토대장

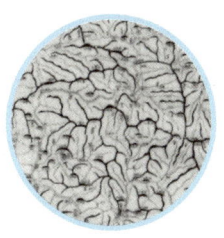

    종중은 원칙적으로 농지를 취득할 수 없으며 다만 농지개혁 당시 위토 대장에 등재된 기존 위토인 농지에 한하여 당해 농지가 위토 대장에 등재되어 있음을 확인하는 위토대장 소관청의 발급 증명서를 첨부하여 소유권 이전등기를 신청할 수 있는데 구체적인 등기 신청에 있어서 어떤 서면이 당해 농지가 농지 개척 당시에 위토대장에 등재된 기존 위토임을 확인하는 위토대장 소관청의 발급증명서에 해당하는지 여부는 그 등기 신청을 심사하는 등 기관이 판단할 사항이나 소관청에 정보공개 청구를 하여 정보공개 결정통지를 받은 자가 직접 공개의 방법으로 발급받은 위토대장 사본은 이에 해당한다. 따라서 현재 종중 등의 명의로 위토대장임을 증명하는 서면을 얻는 경우 그전의 소유자가 선친인 경우 쉽게 선친 땅 임을 증명받을 수 있다. 아무리 수차 소유자가 전전되었어도 종전의 사정이나 임야 토지대장 등에 소명이 되는 경우에는 선친 땅 임을 쉽게 소명 받을 수 있다는 것이다. 일반 사인에게 전전된 토지와는 달리 이런 식으로 전전 사항이 명료한 경우에는 더욱 빠르게 선친 땅 임을 증명할 수 있다는 것이다. 이에 현재의 소유자로부터 소급하여 전전하여 쉽게 소유자를 확인받는 방법은 현재의 등기가 되어 있는 경우 아니면 대장상 등재된 경우에는 더욱 쉽다는 말이다.

08
농지취득자격 증명원이 불필요한 특례

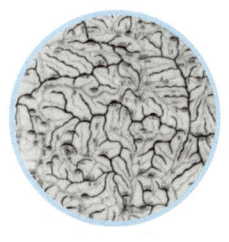

 농지의 집단화를 위하여 필요한 경우에는 2인 이상의 토지 소유자가 상호 협의하여 농지의 교환 분합을 실행한 후 그에 따른 등기를 신청할 수 있으며 이 경우 농지의 등기부상 소유 명의란이 종중이라 하여 특별한 제한이 있는 것도 아니며 또한 그러한 등기 신청서에 농지취득 자격증명을 첨부할 필요도 없다(1999. 2. 22. 등기 3402-170 질의회답 농어촌정비법 제56조 동법시행령 제58조 농지법 제6조 제8조) 따라서 농지를 2인 이상이 협의하는 경우 더욱 간편하게 취득하기도 하고 분합 합병을 할 수 있으므로 현재 그 농지가 다수의 공동명의자로 되었던 과거의 흔적을 찾는다면 그 위에 선친의 명의를 찾기만 하면 굉장히 많은 선친 토지를 한꺼번에 찾을 수 있고 반환 받는 절차도 비교적 용이하다. 이때 과거를 찾아가는 과정에서 처음 만들어진 토지 임야 대장을 찾으면 더욱 간편한 바 결국 일제 강점기하에서의 사정이 제일 빠른 방법이고 아니면 이후 벌어진 각종 분할 합병 수용을 찾기만 하여도 상당한 성과를 거둘 수 있다.

09
농지개혁법과 부동산 소유권 이전등기 등에 관한 특별조치법 상호 관계

　농지법의 규정에 의하면 종중은 원칙적으로 농지를 취득할 수 없으나 1995. 6. 30. 이전에 사실상 양수 받은 농지가 부동산 소유권이전등기 등에 관한 특별조치법의 적용대상이 되고 농지개혁 당시 위토대장에 등재된 기존 위토임을 확인하는 내용의 위토대장 소관청의 발급 증명서를 첨부할 경우에는 위 법률에 의하여 소유권이전등기를 신청할 수 있다. 따라서 위토대장에 등재된 사실을 찾아가는 것이 중요하며 그 이전에 다시 구 토지대장 임야대장에 등재되었던 사실을 찾는 것이 중요하다. 농지개혁법은 결국 진정한 소유자를 가리자는 것이며 지금의 소유명의자를 보호하는 것도 중요하지만 과거의 실체적 진실 관계를 더욱 중요시한다는 의미이기도 하다.

10
지목이 대지에서 전으로 바뀐 경우의 해석론

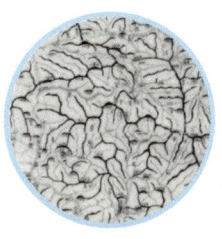

　현행 농지법 하에서는 농지가 어느 시기에 조성 등록전환 또는 지목 변경되었는지를 불문하고 농지에 대한 소유권 이전등기 신청 시에 농지취득 자격증명을 첨부하여야 하므로 지목이 대지인 토지를 1958년에 국가로부터 매수하였으나 소유권 이전등기를 하지 않고 있던 중 1986년 지목이 전으로 변경된 경우에도 달리 농지 취득 자격증명을 첨부하지 않아도 되는 예외 사유가 없는 한 매매로 인한 소유권이전등기 신청 시 농지 취득 자격증명을 첨부하여야 한다.(1999. 3. 5. 등기 3402-223 질의회답) 이는 지목이 바뀐다 하여도 종전의 농지 등의 지목이 확연하게 각종 대장 등에 나타난다는 것으로 한번 일단 토지대장 임야대장에 등재된 것은 그 후에도 변치 않고 종전 부동산의 소유권을 알아볼 수 있다는 것으로 일단 선친 토지의 근거를 찾으면 된다는 것으로 이후 진실에 반하는 변경이 있다 하여도 그 후 뒤바뀐 진실이 정당하다는 것은 아니다.

11
분배되지 않고 원 소유자에게 환원된다는 판례

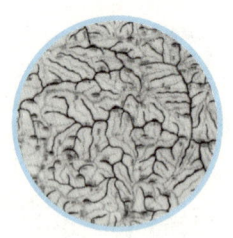

　구 농지개혁법 시행 이전에 농지를 타인에게 매도하고 농지개혁법 시행당시 이를 자경하지 아니한 자는 그 농지에 대한 소유권을 완전히 상실하는 것이 원칙이다.(대법원 1989. 5. 9. 선고 88다카 12681 판결) 다만 구 농지법(1994. 12. 22. 법률 제4817호로 제정되어 1996. 1. 1.부터 시행된 것)은 그 부칙 제2조에서 "구 농지개혁법 및 구 농지개혁 사업정리에 관한 특별조치법을 각 폐지하는 한편 그 부칙 제3조에서 이법 시행 당시 종전의 농지개혁 및 특조법에 의하여 농지대가 상환 및 등기 등이 종료되지 아니한 분배농지에 대한 농지대가의 상환 및 등기 등은 이법 시행일로부터 3년 이내에 종전의 규정에 의하여 완료되어야 한다."라고 규정하고 있는데 이 규정에 의하면 농지법 시행일로부터 3년의 기간이 경과함으로써 농지대가 상환에 관한 근거 규정이 없어질 뿐만 아니라 그 후에는 농지대가 상환을 하더라도 농지개혁법 및 특조법의 적용을 받을 수 없어 법률의 규정에 의한 소유권 취득이 불가능하게 되므로 농지법 시행일로부터 3년 내에 농지대가 상환 및 등기를 완료하지 않은

농지에 대하여는 더 이상 분배의 절차인 농지대가 상환을 할 수 없고 따라서 이와 같은 농지는 분배되지 않기로 확정된 것으로 보고 그 소유권이 원 소유자에게 환원된다고 해석하여야 한다.(대법원 2007. 10. 11. 선고 2007다 43856 판결) 이런 식으로 원 소유자에게 환원되는 농지가 선친 토지인 경우가 상당히 많은데 그런 토지가 권원 없이 타인에게 이전되고 분할이나 합병 또는 어딘가로 흡수된 경우가 많은 바 이런 토지라 하더라도 폐쇄 등기부등본 그리고 토지대장이나 임야대장 등을 기초로 확인하여 나가면 별 어려움 없이 선친 땅임을 확인할 수 있다.

12
분배 농지 확정을 위한 대지조사

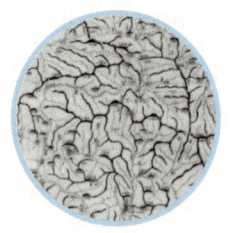

　구 농지개혁법 시행령 제32조는 분배 농지를 확정하기 위하여 모든 토지의 대지조사를 한다는 형식의 언급이 있는 바 시·읍·면장은 위에 의한 대지 조사를 기초로 하여 소재지 위원회를 거쳐 농가별 분배농지 일람표를 만들어 모두에게 열람케 하고 소정의 이의가 없을 때는 분배농지로 확정한다고 하였는데 이는 매수농지인지 여부를 확정하는 것은 아니고 분배농지의 확정을 위한 것이다.

13
특별조치법

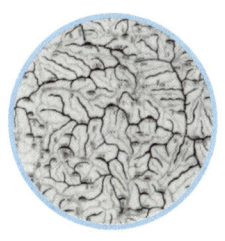

　부동산 소유권 이전 등기를 절차 데로 밟지 못하여 또는 처음부터 부동산 등기가 되어 있지 아니한 땅, 일제 강점기 시기의 강제징용 6.25 전쟁 등으로 행방불명이 되거나 사망한 경우 또는 상속절차로 승계를 받지 못한 땅, 등기의무자의 협력을 기대할 수 없는 땅 등의 소유권 등기를 위하여 한시법으로 임시 제정한 법률을 특별조치법이라고 한다. 이러한 특별조치법에 의한 등기는 그 권리가 있음을 추정한다는 것으로 비교적 강한 권리 추정력을 받지만 반증이 있으면 언제든지 깨어진다는 것이다.

당신이 몰랐던
조상 땅 찾는 비법

PART 8

종중 재산

01 종중 재산의 개념
02 종중 재산의 발생
03 중중 재산의 귀속 형태
04 종중 재산의 관리 및 처분
05 종중 재산의 소송 관계
06 종중 재산 지적 공부
07 종중의 분묘에 대한 해석
08 종중 유사 단체
09 종중의 실체
10 위토의 개념

11 종중 재산 입증 문제
12 종중 재산의 원시취득 1
13 종중 재산의 원시취득 2
14 소유권 취득에 관한 명의신탁
15 종중 소유 재산에 대한 판단
16 실체 판단 기준은 시조중심이 중요
17 등기 추정력
18 종중과 특별조치법 관계
19 종중 재산 처리 증거
20 임야 조사령에 대한 사정

01
종중 재산의 개념

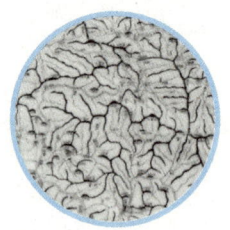

　종중이 소유하는 재산은 선조의 제사를 봉행하고 분묘를 수호 보존하고 종원 상호간의 친목을 도모하기 위하여 제공된 재산이다 그 중요 재산으로는 위토, 임야, 건물, 대지, 현금, 기타 재산이 있다.

02
종중 재산의 발생

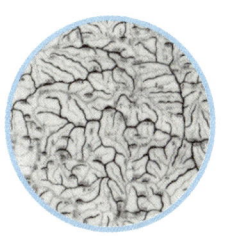

　종중 재산은 최초에 시조로서 봉사된 자가 생전처분으로 재산을 출연하여 위토를 마련하거나 또는 유언으로 소유토지의 일부를 할당하여 자손들로 하여금 영원히 묘산 또는 위토로 보유할 것을 유명한 경우와 자손 중에 1인 또는 다수인인 종중원 전원이 출연하여 형성하는 경우 등이다.

03
중중 재산의
귀속 형태

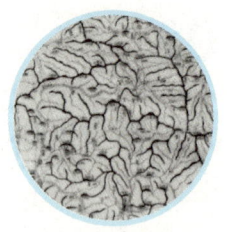

    종중 재산은 합유, 공유라고 하다가 대법원에서는 최종 총유라고 판단했다. 판례가 종중 재산에 관하여 민법 제정 후 총유라고 일관되게 규정하는 것은 총유의 규정을 두게 된 입법자의 의도를 직시한 때문이라 할 것이다. 따라서 각 종중원은 그의 지분이 없으며 총체적인 사단의 일원으로서 귀속을 향유할 수 있을 뿐이다.

04
종중 재산의 관리 및 처분

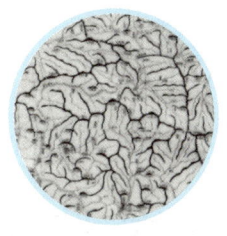

　종중 재산의 관리 및 처분 즉 보존, 이용 등을 누가 하느냐는 종중에 따라 여러 형식이 있는데 위토를 빈곤한 종중원에게 윤회 경작케 하여 그 수입으로 제사 시향제 등의 비용에 충당하는 경우도 있으며 문장 종손 등에게 전담 관리케 하거나 등 형태가 다양하다. 종중 재산은 선조의 제사를 봉행하고 분묘를 관리하기 위하여 영구히 보존하여야 할 것이므로 함부로 처분할 수 없음이 원칙이다. 그러나 일족 중에 빈곤자가 나올 수밖에 없으며 종중원간에 생긴 분쟁이 공동재산 분할의 요구를 나타내는 것은 피할 수 없는데 설혹 그 재산을 출연한 선조가 영구히 처분할 수 없다는 유명을 하였다고 할지라도 이를 처분할 수 없는 것은 아니라고 하여야 한다. 이는 부동산 물권의 양도성을 박탈하여 법률상 불융통물로 하는 것은 물권의 원칙에 어긋나므로 인정될 수 없는 것이다. 종중 재산의 처분은 규약이 있을 경우에는 규약에 의할 것이나 규약이 없는 경우에는 종회에서 관습법 상의 결의 방법에 의함이 통례이다.

05
종중 재산의
소송 관계

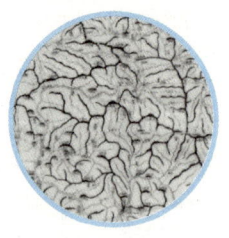

　종중 간에는 근래들어 임야 및 농토 가치가 폭등함에 따라 많은 분쟁이 발생한다. 법인 아닌 사단으로서 소송당사자가 되기 위하여서는 물론 대표자가 없더라도 구성원 전원이 원고가 되고 피고가 될 수 있지만 구성원이 많을 경우에는 사실상 불가능하므로 대표자를 선정하여 그 대표자로 하여금 소송을 수행하게 하는 것이 일반 관례이다 그러나 종중에는 종손이나 종장 문장이 있어 이들이 업무에 따라서는 대표자로서 역할을 하고 있으므로 또 다시 대표자가 있어야 할 필요성을 느끼지 못한다. 그 결과 종중에는 사실상 대표자가 없는 경우가 많은데 종손이나 종장 문장은 종중 재산에 관해서는 관리 처분 권한이 인정되지 않으므로 분쟁이 발생하면 비로소 대표자를 선임하게 된다. 그러므로 재산의 관리처분 권한이 있는 종중 대표자가 선임되어 있지 않을 경우에는 대표자를 선임하여야 하는데 가장 문제가 되고 있는 것 중에 하나가 정당한 절차에 의하여 대표자가 선임되었느냐 그렇지 않느냐에 관한 문제이다. 종중 대표의 선임을 위한 종회의 소집권자는 특별한 규약이 없으면 종장 또는 문장이 되지만 만약 종장 문장이 없다면 일반적 관례에 따라 연고항존자가 종회를 소집하여야 한다.

종중 대표자가 없으면 원고인 경우 스스로 대표자를 선임하여 행하지만 피고인 경우에는 그 상대방은 소송을 제기하기 곤란하게 된다. 이러한 경우에는 법원에 특별대리인 신청을 해야 한다. 종중이 소송당사자 능력 있는지 대표자는 적법한지 직권으로 조사할 사항으로 그 판단을 위하여 종중 규약 회의록 등 관련 서류를 심사하여야 할 것이다. 종중에 당사자 능력이 있는지 여부가 법원의 직권조사 사항이라도 상대방에서 그 당사자능력을 부인하거나 이것이 부적법한 것이 아닌 한 법원이 적극적으로 석명하거나 심리 판단할 필요는 없다.

■ 대판 1999. 7. 27. 99다 9523 판결

종중이 그 구성원을 떠나 독자적인 단체로서 행동하는 경우에는 그 종중을 대표할 자가 있어야 한다. 즉 종중의 대외적인 행위 시에는 그 대표자를 정할 필요가 있으므로 규약이 있으면 그에 의해 선임하고 규약이 없으면 관습에 따라 선임한다. 종중 또는 종중 유사단체에서 문장이나 연고항존자라고 하더라도 그것만으로 당연히 종중 재산에 대한 대표권을 갖는 것은 아니다.

06
종중 재산
지적 공부

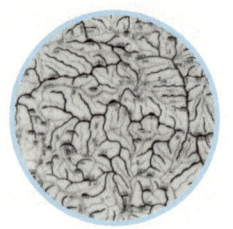

지적 공부에 등록되지 아니한 임야는 특별한 사정이 없는 한 일용 토지로서 존재하지 아니하거나 특정할 수 없어 이러한 임야에 대한 소유권 확인 청구는 확인의 이익이 있다고 할 수 없고 한필지의 임야가 두 필 이상의 임야로 분할되어 구 지번 표시에 의하여 분할 전 임야를 특정할 수 있다 하여도 분할 후의 임야에 대하여 지적공부 소관청에 의한 지번, 지적 등의 확인 절차가 없는 이상 구 지번을 표시하고 등기할 수는 없다. 그 종중이 어떠한 종중인가는 그 명칭 여하에 불구하고 봉제사의 대상인 공동 시조의 구성원인 후손의 범위 및 분묘 관리의 상황 등 그 실체적 내용에 의하여 판단되어야 한다.

07
종중의 분묘에 대한 해석

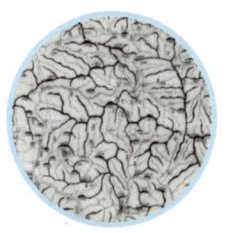

  토지 매수인이 그 토지에 사후 자신의 분묘를 설치하게 한 경우에는 후손중의 1인이 개인의 자금으로 분묘지를 단독 매수하여 조상의 분묘를 설치한 경우와 달리 장손에게 단독 상속시킨 후에 용이하게 처분할 수 있게 하기 보다는 오히려 자신을 공동 선조로 하는 종중의 총유 재산으로 하여 자손들로 하여금 영구보존하게 할 의사였다고 봄이 우리 전통적 사고에 부합한다.

> ■ 대판 1993. 7. 16. 93다 210 판결
>   분묘기지권은 분묘를 수호하고 봉사하는 목적을 달성하는데 필요한 범위 내에서 타인의 토지를 사용할 수 있는 권리를 의미한다.

■ 대판 1969. 1. 28. 68다 1927 판결

  타인소유의 토지에 소유자의 승낙 없이 분묘를 설치한 경우에는 20년간 평온 공연하게 그 분묘의 기지를 점유함으로써 분묘기지권을 시효로 취득한다. 타인 소유의 토지위에 그 소유자의 승낙 없이 분묘를 설치한 자가 20년간 평온 공연히 그 분묘의 기지를 점유한 때에는 그 점유자는 시효에 의하여 그 토지위에 지상권유사의 물권을 취득하고 이에 대한 소유권을 취득하는 것은 아니다.

08
종중 유사 단체

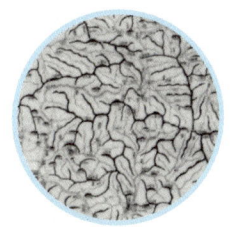

　종중에 유사한 비법인 사단은 반드시 총회를 열어 성문화된 규약을 만들고 정식의 조직 체계를 갖추어야만 비로소 단체로서 성립하는 것이 아니고 실질적으로 공동의 목적을 달성하기 위하여 공동의 재산을 형성하고 일을 주도하는 사람을 중심으로 계속적으로 사회적인 활동을 하여 온 경우에는 이미 그 무렵부터 단체로서의 실체가 존재한다고 하여야 한다. 계속적으로 공동의 일을 수행하여 오던 일단의 사람들이 어느 시점에 이르러 비로소 창립총회를 열어 조직체로서의 실체를 갖추었다면 그 실체로서의 조직을 갖추기 이전부터 행한 행위나 또는 그 때까지 형성한 재산은 다른 특별한 사정이 없는 한 모두 사회적 실체로서의 조직에게 귀속되는 것으로 봄이 타당하다.

부동산등기법 제26조는 종중과 같은 법인 아닌 사단이나 재단에 대하여 등기능력을 인정하였고 민사소송법 제52조는 이에 대하여 소송당사자능력을 인정하였는바 그 취지는 법인 아닌 사단 재단에 대표자나 관리인이 있는 경우에는 단체성과 주체성을 인정하여 등기능력과 당사자능력을 인정하여 그 자체의 이름으로 등기권리자 또는 등기의무자가 되거나 원고 또는 피고가 될 수 있는 길을 열어 개별적인 등기사건이나 소송사건을 통해서는 권리능력을 인정한 것과 같은 결과가 된다.

09
종중의 실체

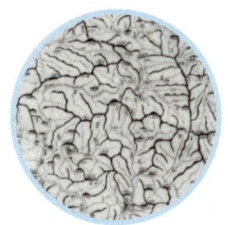

 원래 소종중이나 지파종중의 명칭은 증시조의 관직이나 시호 다음에 지파종중 등 시조의 관직이나 시호 등을 붙여 부르는 것이 일반적인 관행으로 그 실체의 명칭 여하에 불구하고 공동 선조의 제사 종중의 재산 관리 등을 위하여 자연적으로 발생된 집단인 이상 종중 명칭 사용이 그러한 관습에 어긋난다는 이유만으로 그 실체를 부인할 수는 없다.

10 위토의 개념

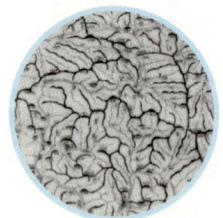

　어느 토지가 특정묘의 위토로 되는 경위는 그 특정묘와 관계있는 종중이 그 토지의 소유권을 취득하여 위토설정을 하는 경우도 있지만 후손이 그 후손의 개인 소유인 토지를 특정묘의 위토로 설정하는 경우도 있을 수 있으므로 위토라는 사실만으로 이를 종중 소유 토지라고 볼 수는 없다.

11
종중 재산 입증 문제

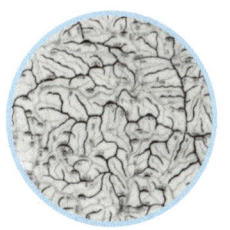

어느 재산이 종중 재산임을 주장하는 당사자는 그 재산이 종중재산으로 설정된 경위에 관하여 주장 입증을 하여야 할 것이나 이는 반드시 명시적임을 요하지 아니하며 어느 재산이 종중 재산이라는 주장 입증 속에 그 설정 경위에 관한 사실이 포함되어 있다고 볼 수 있으면 족하고 그 설정 경위의 입증은 간접 사실 등을 주장 입증함으로써 그 요건 사실을 추정할 수 있으면 족하다.

12
종중 재산의
원시취득 1

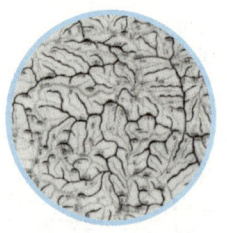

일제 강점기 때의 임야 조사령이나 토지 조사령에 의하여 사정을 받은 사람은 소유권을 원시적 창설적으로 취득한 것이다.(대법원 1995. 8. 25. 94다 20426 판결) 이에 따른다면 토지조사부 작성 당시 종중재산으로 이름이 등재될 경우 종중이 재산을 원시취득한다고 볼 수 있으며 토지조사부가 없다 해도 구 토지대장 등에 종중으로 일단 이름을 올린 후 이후 구등기가 특별조치법이나 기타방법으로 보존등기가 경료되는 경우도 볼 수 있다. 그러나 종중원 중 한명의 후손이 종중에서 선친의 재산을 강제로 가져갔다고 하며 그 등기의 말소소송을 이후 제기하기도 한다.

13
종중 재산의 원시취득 2

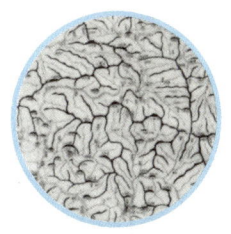

　본안에 대한 종국 판결이 있은 후 소를 취하한 사람에게 미치는 재소금지의 효력이란 동일한 당사자 사이의 동일한 소송물에 대한 것인 바, 종국판결 후 취하된 전소는 갑의 후손 전원으로 이루어진 갑 종중이 부동산의 소유권 확인을 구하는 것임에 반하여 후소는 갑의 11세 장손인 들을 증시조로 하여 그 후손들만으로 구성된 소종중이 그 부동산에 관한 명의신탁 해지를 원인으로 한 소유권이전등기를 구하는 것이라면 후소는 취하된 전소와는 소송물과 당사자를 달리하는 소송이라 할 것이므로 재소금지의 원칙에 위배되지 아니한다.(대법원 1995. 6. 9. 선고 94다 42389 판결)

14
소유권 취득에 관한 명의신탁

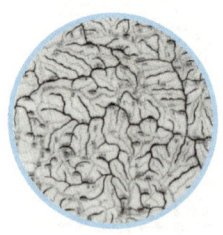

　일제 강점기 시대의 임야 조사령이나 토지 조사령에 의하여 사정을 받은 사람은 소유권을 원시적 창설적으로 취득하는 것이고 종중이 그 소유였던 부동산을 종중원에게 명의를 신탁하여 사정 받았다 하더라도 사정 명의인이 그 소유권을 취득하고 명의신탁자인 종중은 명의신탁 계약에 의한 신탁자의 지위에서 명의신탁을 해지하고 그 소유권이전등기를 청구할 수 있을 뿐이며 종중이 명의신탁 계약을 해지하였더라도 그 명의로 소유권이전등기를 경료 하지 않은 이상 그 소유권을 취득할 수는 없는 것이다.(대법원 1994. 12. 27. 선고 92다 49362)

15
종중 소유 재산에 대한 판단

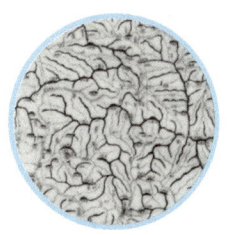

어떤 임야가 종중의 소유인데 사정 당시 종원 또는 타인 명의로 명의를 신탁하여 사정을 받은 것이라고 인정하기 위하여는 사정 당시 그 주장과 같은 어느 정도의 유기적 조직을 가진 종중이 존재하였을 것과 그 임야가 종중의 소유로 된 과정이나 내용이 증명되거나 또는 종중 시조를 중심으로 한 종중 분묘의 설치방법이나 임야관리 상태 등 기타 여러 정황 등에 미루어 사정 이전부터 종중 소유로 인정할 수밖에 없는 많은 간접 자료가 있을 때에 한하여 이를 인정할 수 있을 뿐이고 그와 같은 자료들이 충분히 증명되지 아니하고 오히려 반대되는 사실의 자료가 많을 때에는 이를 인정하여서는 아니 된다.

16
실체 판단 기준은
시조중심이 중요

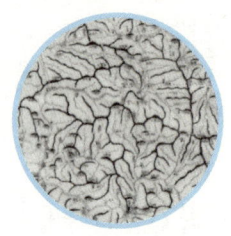

    종중은 공동 선조의 분묘 수호와 제사 등을 목적으로 하는 조직으로 특별한 조직행위를 필요로 하는 것이 아니라 공동 선조를 누구로 하느냐에 따라 종중 안에 무수한 소종중이 있을 수 있으므로 어느 종중을 특정하고 그 실체를 파악함에 있어서는 그 종중의 공동선조가 누구인가가 가장 중요한 기준이 된다.(대법원 1994. 10. 11. 94다 19792 판결)

17
등기 추정력

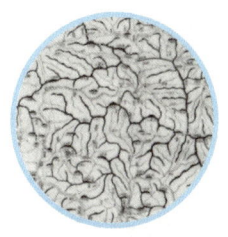

　지적법과 같은 법 시행령 등의 소정 절차에 따라 임야에 대한 소유 신고를 하여 임야대장에 피고의 조부 소유명의가 복구되고 이어서 임야대장상의 소유자 명의가 피고로 변경된 다음 이를 근거로 임야에 대한 소유권 보존등기가 경료되었다면 그 등기의 효력으로 피고는 소유권자로 추정을 받으므로 그 등기의 추정력을 부정하려면 이를 주장하는 원고가 등기의 무효를 입증할 책임이 있다. 어느 토지가 특정 묘의 위토로 되는 경위는 그 특정 묘와 관계있는 종중이 그 소유권을 취득하여 위토 설정을 한 경우와 후손 중의 어느 개인이 개인 소유의 토지를 특정 선조 묘의 위토로 설정하는 경우 등이 있을 수 있으므로 위토 또는 묘산이라는 사실만으로는 이를 종중의 소유로 볼 수 없다.

18
종중과 특별조치법 관계

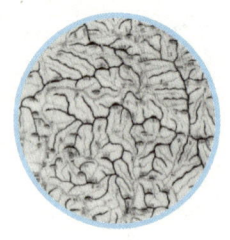

　구 부동산 소유권 이전 등기 등에 관한 특별조치법의 규정 취지에 비추어 볼 때 위법이 요구하는 3인의 보증인들은 위법에 의하여 등기를 하고자 하는 확인서 발급신청인 이외의 제3자를 의미하는 것이라고 해석하여야 할 것이고 따라서 보증인으로 위촉된 본인이 자신 또는 자신이 대표자로 있는 종중이 사실상 양수한 토지에 관하여 위 특별조치법에 의한 등기를 경료 하고자 할 경우는 자신은 당해 토지에 관한 보증인이 될 수 없다고 봄이 상당하므로 확인서 발급신청 종중의 대표 자신이 위 특별조치법상 보증인의 1인으로 된 보증서 및 이에 기한 확인서에 의하여 경료 된 위 특별조치법에 의한 등기는 절차상 위법한 등기로서 적법성의 추정을 받을 수 없다.

19
종중 재산 처리 증거

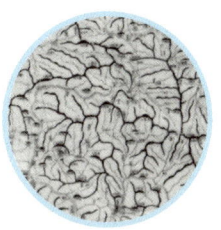

　종중 재산 처분에 대한 규약 또는 결의를 하여 처분하였다는 사실은 결의서 등 직접 증거에 의하여서만 할 수 있는 것은 아니고 그러한 결의 등이 있었다는 추인할 수 있는 간접사실의 입증을 통하여도 할 수 있다.

20
임야 조사령에 대한 사정

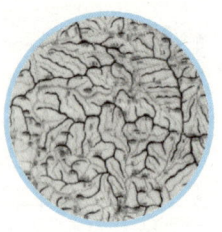

 조선 임야 조사령의 관계 규정의 해석상 임야대장의 공유자 연명부에 재판을 거친 소유자 명단이 구체적으로 기재되어 있고 그러한 재판의 결과가 관보에 공고됨으로서 재판이 있었음이 명백히 입증되는 경우에는 재판에 의하여 사정이 적법하게 취소되었다고 볼 수 있다.

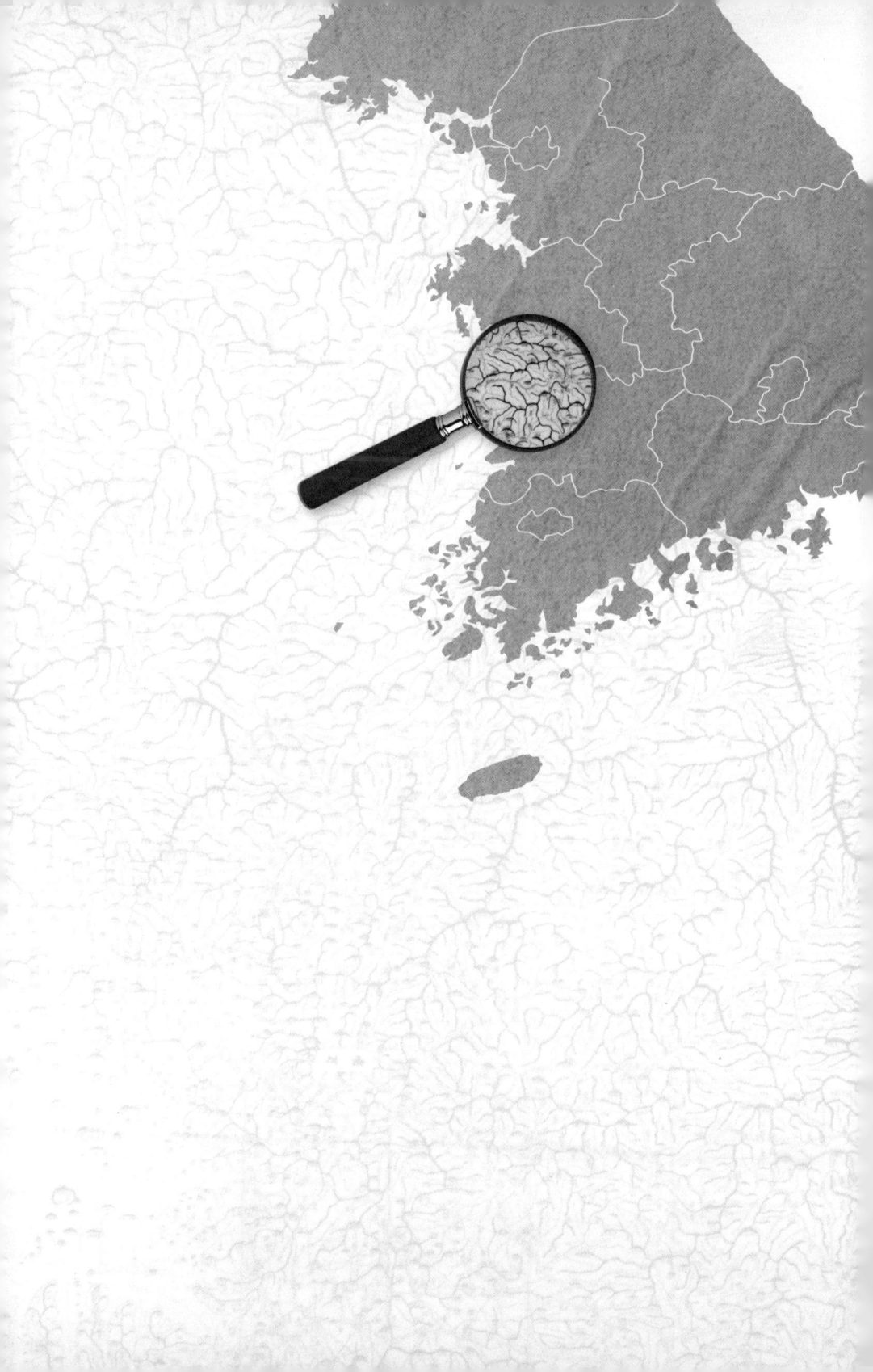

당신이 몰랐던
조상 땅 찾는 비법

PART 9

무주 부동산

01 한국전쟁과 무주 부동산
02 소유권 보존등기의 추정력
03 사정 명의인의 처분행위
04 미등기에 대한 고찰
05 과실 있는 점유
06 선친이 사정받은 토지에 대하여 살펴볼 사항

01
한국전쟁과
무주 부동산

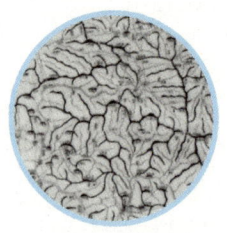

  6.25전쟁으로 인하여 지적 공부가 멸실된 토지의 진정한 소유권자를 가리는 소송에서 대법원은 종래에는 토지 사정당시 작성된 토지 조사부의 소유자란에 소유자로 등재된 사실만으로는 토지 사정을 거쳐 그 소유권이 확정된 것이라고 단정할 수는 없다는 입장을 취하였으나(대법원 1982. 2. 23. 선고 81다188 판결) 1986년에 판례를 변경하여 토지 조사부에 소유자로 등재되어 있는 자는 반증이 없는 이상 토지 소유자로 사정받고 그 사정이 확정된 것으로 추정하여야 한다는 입장을 취하였다.(대법원 1986. 6. 10. 선고 84다카1773 전원합의체 판결)

02
소유권 보존등기의 추정력

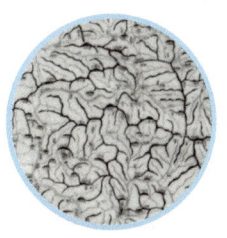

　그리고 소유권 보존등기의 추정력은 그 보존등기 명의인 이외의 자가 당해 토지를 사정받은 것으로 밝혀지면 깨어지는 것이며 상속인이 존재하는 부동산은 무주의 부동산이 아니라 할 것이다(대법원 1997. 5. 23. 선고 95다 46654 판결)라고 함으로써 사정이 제일 중요하며 외형상의 명의인이 비록 최초로 하는 보존등기를 하였다 하여도 그 등기가 절대적인 것이 아니며 일반인들이 알기에 보존등기는 처음으로 하는 등기라는 강한 신뢰를 하고 있으나 이러한 보존등기도 실체적 진실 앞에서는 바뀐다는 것이다. 지금도 소유권 보존등기의 확정력을 다투는 소송은 많으며 그 진실이 무엇인가가 매우 중요하다는 것이다.

03
사정 명의인의 처분행위

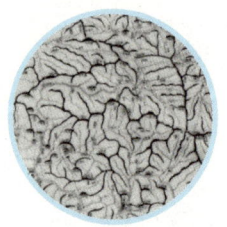

　사정 이후에 사정 명의인이 그 토지를 다른 사람에게 처분한 사실이 인정된다면 사정 명의인 또는 그 상속인들에게는 소유권 보존등기 명의자를 상대로 하여 그 등기의 말소를 청구할 권원이 없게 되는 것이다.(대법원 2008. 12. 24. 선고 2007다 79718 판결) 이는 사정인을 강력하게 신뢰하고 보호하는 것으로 사정을 받은 점을 중요시하여 사정을 받은 후 처분하였다면 이를 번복할 수는 없다는 것이다. 번복을 인정한다면 사정이 별로 의미 없는 것이 되기 때문이다.

04
미등기에 대한 고찰

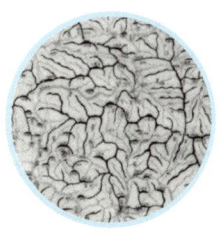

　위에서 살펴본 미등기 대하여는 권리 보전 조치의 경위와 내용. 토지조사부 임야조사부에 등록된 자의 지위를 살펴보고 농지개혁법과 6.25 전쟁을 거치는 과정에서 살펴보면 지적공부상에 없는 미등기 토지에 대하여는 국가가 소유자로 되어 소유권 보존등기를 취한 것이 위법이라고 할 수는 없는 것이며 이때 국가가 그 진실한 소유자가 있음을 알면서도 소유권 등기를 하였다면 몰라도 진실한 소유자를 몰랐기에 소유권등기를 한 점을 헤아려 보면 그 진실한 소유자에 대하여 불법을 행한 것이라고 볼 수는 없을 것이다.

05
과실 있는 점유

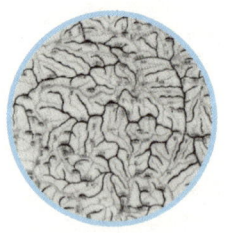

　부동산에 대하여 등기부상 소유자가 존재하는 등 그 부동산의 소유자가 따로 있음을 알 수 있는 경우에는 비록 그 소유자가 행방불명이 되어 생사 여부를 알 수 없다 하여도 그 부동산이 바로 무주 부동산에 해당하는 것은 아니므로 이와 같이 소유자가 따로 있음을 알 수 있는 부동산에 대하여 국가가 국유재산법 제8조에 의한 무주 부동산 공고 절차를 거쳐 국유재산으로 등기를 마치고 점유를 개시하였다면 그 점유의 개시에 있어서 자기의 소유라고 믿는 것에 과실이 있다 할 것이다.

06
선친이 사정받은 토지에 대하여 살펴볼 사항

 나의 선친이 사정받은 토지에 대하여 제3자가 소유권 보존등기. 또는 소유권 이전등기를 하였다면 첫째 살펴볼 사항은 선친이 제3자에게 토지를 매도한 뒤 등기절차에 협력한 경우인가를 살펴야 하고 둘째 제3자가 농지개혁법에 의하여 분배받은 원칙으로 지목이 전답 과수원이 된 것인지 그 농지에 대하여 농지대금의 상환을 완료한 뒤 등기를 마쳤는지를 살피고 셋째 제3자가 부정한 방법으로 특별조치법에 편승하여 등기를 마친 경우인지 살펴야 한다.

 그런 후 어느 하나에 해당하는지를 헤아리고 대책을 세워야 한다.

당신이 몰랐던
조상 땅 찾는 비법

PART 10

선친이 유공자인(사망 등) 경우

01 유공자로 등록된 자
02 적용 유공자
03 이에 대한 판례 입장
04 독립 유공자
05 일제 강점기 때의 자료
06 부재부동산 소유자의 토지

01
유공자로
등록된 자

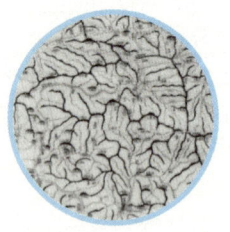

　전몰군경과 전상군경 등을 비롯한 국가 유공자의 경우 그 희생과 공헌을 인정받음에 있어서는 각 지방 보훈청에 국가유공자 심의를 거쳐야 하므로, 유공자 등록 과정에서 해당자에 대한 모든 자료가 남아있게 되어 행방불명자, 실종자 등이 가지고 있었던 재산을 추적하는 데는 관심만 있으면 비교적 쉽게 파악할 수 있다.

02
적용 유공자

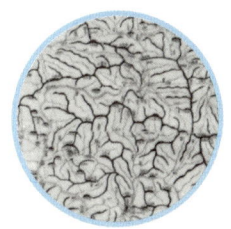

　순국선열, 애국지사, 전몰군경(군인이나 경찰 공무원으로서 전투 또는 이에 준하는 직무 수행 중 사망한 자)으로서 1959. 12. 31. 이전에 전투 또는 이에 준하는 직무 수행 중 사망한 자, 그 외 위 전역한 자, 그 외 전상군경, 순직군경, 공상군경 무공 수훈자, 6.25전쟁 참전 제일학도 의용군인으로 대한민국 국민인데 일본에 거주하던 자로서 1950. 6. 25. 부터 1953. 7. 27. 사이에 국군 등에 지원 입대하여 6.25전쟁 중에 참전하고 제대한 자, 6.25전쟁 참전 유공자, 4.19혁명 사망자 등 부상자 등 공로자, 순직 공무원. 공상 공무원. 국가사회발전 특별공로 순직자, 국가 사회발전 특별 공로자 등이 있다.

03
이에 대한 판례 입장

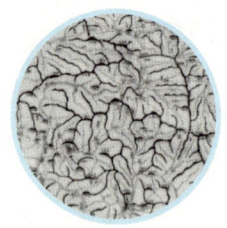

 구 국가 유공자 예우 등에 관한 법률에는 1959. 12. 31. 이전에 전시 근로동원법에 의하여 동원된 자, 청년 단원, 향토방위대원, 소방관, 의용소방관, 학도병, 기타 애국단체원으로 전투 또는 이에 준한 행위로 상이를 입은 자를 전상 군경 등으로 보아 보상하도록 규정하고 있는 바 이 규정은 동법에 의하여 전상 군경으로 될 수 있는 군인, 경찰 공무원 등의 신분을 갖지는 않았으나 전투 기타 이에 준하는 직무에 사실상 종사하였던 자가 6.25전쟁 당시 유사한 희생을 하고도 단지 신분의 차이로 전상 군경이 되지 못하여 보상을 받지 못하게 되는 경우를 구제하는 데에 그 취지가 있다 할 것이므로 전투 기타 이에 준하는 직무에 사실상 종사한 자를 예시적으로 규정하였다고 보아야 한다. 즉 보상을 받을 수 있다고 보아야 한다.(대법원 2000. 11. 24. 98두 11083 판결)

04
독립 유공자

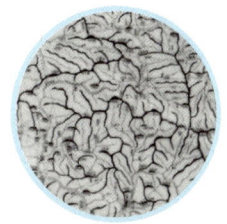

일제로부터 조국의 자주독립을 위하여 공헌한 자로서 독립유공자의 희생과 공헌을 바탕으로 함으로써 우리 자손들에게 숭고한 애국정신의 귀감으로서 항구적으로 존중되고 그 희생과 공헌의 정도에 상응하는 바 대상자는 국내외에서 일제의 국권침탈을 반대하거나 독립운동을 위하여 일제에 항거하다가 순국한 자로서 그 공로로 건국훈장 · 건국포장 및 애국지사로서 일제의 국권침탈 전후로부터 1945. 8. 14.까지 국내외에서 독립운동을 위하여 일제에 항거한 사실이 있는 자로 써 위와 같은 해당자를 말한다.

05
일제 강점기 때의 자료

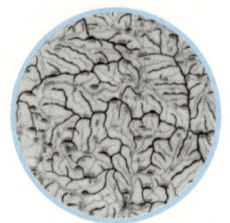

  위에 해당하는 자가 혈족일 경우 그자는 일제 강점기 시기 만주 등으로 떠난 후 행방불명이 된 자가 상당수 있고 국내에 남아있는 가족이나 혈족들은 고인이 남긴 재산을 파악하지 못하여 이웃 사람이 점유하는 예도 종종 있었는데 이제라도 관심만 가진다면 모든 자료를 찾아 고인의 모든 것을 비교적 쉽게 찾을 수도 있다.

06
부재부동산 소유자의 토지

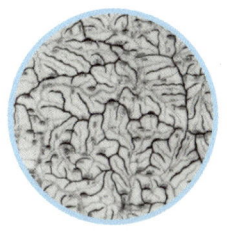

공익사업을 위한 토지 등의 법에 규정된 부재 부동산의 소유 토지란 해당 토지의 소재지와 동일한 시, 구, 읍, 면 등 어느 하나에 계속하여 주민등록을 하지 아니한 자가 소유하는 토지를 말한다.

당신이 몰랐던
조상 땅 찾는 비법

PART 11

조상 땅 찾기 테마별 쟁점과 판례

01 임야도 작성
02 지목 변경 취소
03 선친 땅이 환지 된 경우
04 부분환지에 대하여
05 합동 환지
06 부동산의 매도 책임
07 확인의 이익
08 토지 소유권 상실과 부당이득
09 사망자와 다수의 상속인 관계
10 부동산 처분금지에 대하여
11 지적 공부에 대한 행정처분
12 토지의 득실에 관한 포락
13 중복 소유권 보존등기
14 토지 분필과 합병
15 토지 소유권의 범위
16 하천 구역의 편입과 국유지 및 감정평가
17 하천에 관한 손실보상
18 취득시효
19 이북에 있는 소유자가 행방불명된 경우 그 재산 처리 문제
20 구 임야 대장상의 소유권 변동 기재의 추정력
21 선친 임야와 구 조선 임야령에 관하여
22 종중 재산과 명의 신탁자의 행위
23 수용외의 잔여지 토지
24 선친 토지가 공유인 때 수용된 후 잔여 토지에 대한 권리 행사
25 공유지분 상속등기 효력의 한계
26 토지 경계 확정 절차
27 공탁금 수령 문제
28 종중 운영의 중요 사항
29 종중 회장 선임
30 소유권에 대한 확인의 소
31 선친 물건을 부당하게 사용한 관계
32 선친의 서면에 의하지 않고 이루어진 부동산증여
33 소유권 이전등기 말소의 기판력
34 과거의 행위를 새로운 법률에서 계속 적용시키는 문제
35 손실보상 보상협의
36 국가가 권원 없이 사유토지를 도로로 편입시킨 경우
37 사망자의 유언 일반
38 토지 수용 재결 처분 취소
39 지적도의 소유자
40 지적법상의 등록이 갖는 특성
41 권리 남용
42 물권적 행사의 범위
43 토지매매 계약의 범주
44 일제 강점 하 동원 피해
45 부동산 가격 공시 평가

01
임야도 작성

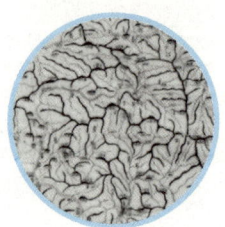

　임야도를 작성하거나 말소 기타 삭제를 하는 행위는 모두가 행정사무의 편의와 사실증명서 자료로 삼기 위한 것이지 그 임야에 대한 실체상의 권리에 어떤 변동을 가져오는 것은 아니므로 행정 소송의 대상이 되는 행정처분은 아니다.(대판 1979. 9. 11. 79누 189 판결)

02
지목 변경 취소

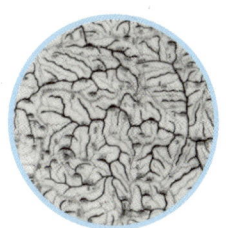

    토지대장에 일정한 사항을 등재하는 행위는 행정사무 집행의 편의와 사실증명의 자료로 삼기 위한 것이고 그 등재로 인하여 어떠한 권리가 부여되거나 변동 또는 상실의 효력이 생기는 것은 아니므로 거기에 실제와 다른 기재가 되어 있었던 그 등재행위를 행정 소송의 대상으로 할 수 없다.(대판 1980. 2. 26. 79누 439 판결)

03
선친 땅이 환지 된 경우

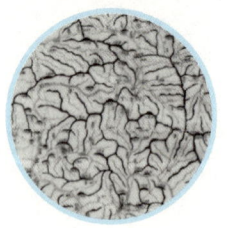

　환지는 원칙으로 기존 토지 또는 기존 토지의 주변에 새로이 조성된 토지를 주는 것이다. 그러나 기존 토지와 동일한 모양의 환지란 있을 수 없고 그 면적에서도 종전의 토지와 같을 수는 없다. 이러한 경우에서 종전의 토지를 자주점유하던 사람은 점유로 인한 시효 취득을 주장할 수 있는지 만약 인정된다면 어떤 요건에서 인정되는가가 문제된다. 선친 땅이 택지 개발 등으로 그곳이 다른 용도로 사용되고 그곳에서 종래 점유하던 자가 자기의 토지라고 주장하면서 다른 곳으로 바꾸어 환지를 받은 후 환지 받은 토지가 종래와 연결성에 의하여 환지 토지를 자기만의 토지로 주장하는 문제이다.

> 20년간 소유의 의사로 평은 공연하게 부동산을 점유한자는 그 소유권을 취득한다.(민법 제245조 제1항)

판례는 "종전 토지 전체를 점유하고 환지예정지의 지정 후에도 계속하여 환지 예정지 전체를 점유하는 경우에는 환지 예정지에 대한 점유는 종전 토지에 대한 점유와 마찬가지로 보는 것이고 환지 확정된 토지는 면적의 증감에 관계없이 종전 토지와 동일한 토지로 간주되므로 종전 토지에 대한 점유나 그 환지 예정지에 대한 점유와 환지 확정된 토지에 대한 점유가 계속되었을 경우 점유로 인한 부동산 소유권의 취득시효 기간을 산정하는 데에는 그 점유기간을 통산할 수 있는 것이다(대법원 1989. 9. 26. 선고 88다카 18795 판결)."라고 하므로 종전 선친의 토지가 자주점유(즉 소유의 의사로 점유)로 전체를 점유하여온 자만이 이어서 계속 그런 점유가 인정되므로 악의점유나 분할하여 일부만 점유하는 때에는 환지로 전부가 자주점유가 되지는 않는다는 것이다.

04
부분환지에 대하여

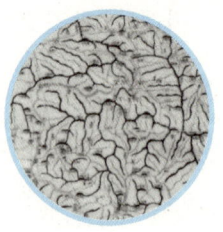

　대법원은 "환지 처분이 있는 경우에는 비록 그것이 제자리 환지라고 하더라도 종전 토지는 환지에 의하여 전체 토지의 지번 모양 등 위치에 변동이 생기는 것이므로 종전 토지의 일부를 점유하여 취득시효가 완성된 후 그 토지 전체가 환지된 경우에는 시효취득한 특정 부분이 환지 내에 포함되었다고 하더라도 특별한 사정이 없는 한 취득 시효가 완성된 특정 부분이 환지된 토지에 그대로 지적. 모양 위치로 특정되었거나 환지된 토지상의 당해 특정부분을 시효 취득하였다고 할 수는 없는 것이고 이와 같은 경우에는 환지된 토지에 관하여 종전 토지 중 특정 부분의 전체 면적에 대한 비율에 상응하는 공유 지분을 시효 취득한 것이라고 볼 수밖에 없을 것이다. 또한 종전 토지의 특정 부분을 점유하고 있던 중 취득시효 완성 전에 환지 예정지 지정이 있고 또 환지가 확정된 경우에는 종전 토지의 특정 부분의 소유자가 환지예정지 지정 이전에도 환지 예정지나 환지된 토지상의 당해 특정 부분을 점유하였다고 할 수는 없다고 보아야 할 것이다(대법원 1989. 9. 26. 선고 88다카 18795

판결)."라고 하여 선친 땅이 자주점유로 타인에게 넘어가지 않은 이상 종전의 선친 땅을 취득시효로 소유할 수는 없음을 분명히 하고 있다. 아무튼 선친 토지를 소유자 아닌 자는 자주점유를 할 수 없으므로 결국 선친 토지가 있고 그것이 일부이던 전부이던 타주점유인 이상 새로운 형태로 자주 점유로 바뀌지 않는 것은 분명하므로 선친 토지를 함부로 빼앗길 수는 없다는 것이 분명하다.

05
합동 환지

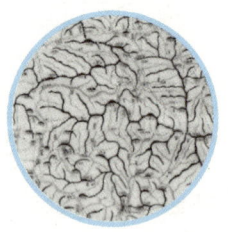

여러 필지의 토지를 각각 단독으로 소유하는 경우에는 환지는 하나의 토지를 줄 수 있다 이를 합동 환지라고 하는데 이러한 경우에는 새로이 주어진 환지는 그 여러 사람이 공유하는 관계이므로 이제부터는 종전 토지에서 진행하던 취득시효의 진행은 있을 수 없다. 따라서 아무리 휩쓸려 여러 개가 하나로 묶이어 환지를 받아도 결국 휩쓸린 상태로 시효진행이 진행되지 않으므로 종래 가지고 있는 권리라고 할 수 있는 취득시효는 그 토지 소유 형태가 달라진다고 해도 시효취득 대상이 아니므로 원래의 자주점유가 결국 그대로 이어지는 것으로 타주점유자가 쉽게 남의 토지를 가로챌 염려는 없으며 원래 자기의 소유 토지는 그대로 그 권리가 보장된다는 것이다. 더불어 위 판례의 취지는 종전 토지의 점유자가 종전 토지를 점유하던 중 이미 취득 시효가 완성된 경우에는 환지에 주어진 종전토지에 해당하는 환지의 공유부분에 대하여 소유권을 취득하지만 종전 토지를 점유하던 중 취득시효 기간이 완성되지 못한 상태에서 환지가 주어지면 종전 토지에서 진행하던 취득 시효 기간은 수포로 돌아간다는 것이다.

06 부동산의 매도 책임

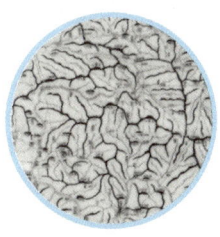

　부동산의 제2 매수인이 매도인의 배임 행위에 적극 가담한 결과 제2 매매 계약이 반사회적 법률행위에 해당하여 무효인 경우에 그 무효인 제2 매매 계약을 원인으로 하는 제2 매수인 앞으로의 소유권 이전등기가 확정 판결에 따라 마쳐졌다 하더라도 그 확정 판결의 기판력에 저촉되지 않는 범위에서는 제1 매수인이 위 소유권 이전등기의 무효를 주장할 수 있다.(대법원 2002. 4. 26. 2001다 8097 판결) 따라서 전전되어온 부동산 매매 등의 행위에 있어서는 나중의 불법행위 매매의 원인을 문제 삼아 처음의 매매당사자가 문제 삼을 수 있으므로 처음의 명의인에게서 잘못 넘겨진 부동산은 찾아올 수 있다는 것이다.

07
확인의 이익

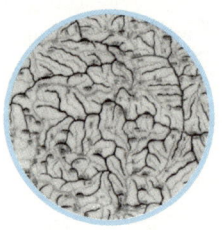

　국가를 상대로 한 토지 소유권 확인 청구는 어느 토지가 미등기이고 토지대장이나 임야대장 상에 등록 명의자가 누구인지 알 수 없는 때와 그 밖에 국가가 등록명의자인 제3자 소유를 부인하면서 계속 국가 소유를 주장하는 등 특별한 사정이 있는 경우에 확인의 이익이 있다.(대법원 1995. 9. 15. 94다 27649 판결) 확인의 소는 원고의 권리 또는 법적 지위에 현존하는 위험 불안이 야기되어 이를 제거하기 위하여 그 법률관계의 확인을 대상으로 삼아 왔고 원고 피고 간의 확인 판결에 의하여 즉시 확정할 필요가 있고 또는 그것이 가장 유효적절한 수단이 되어야 확인의 이익이 있다. 따라서 과거사실의 확인의 소는 원칙으로 인정되지 않는데 위 판결과 같이 미등기 토지이고 국가가 제3자의 소유를 부인하는 등 사안이 있는 경우 과거사의 확인이라도 소의 이익이 있다는 판결이다.

■ 대판 1994. 12. 2. 93다 58738 판결

　대장(토지대장, 임야대장)상 등록명의자가 없거나 등록명의자가 없거나 등록명의자가 누구인지 알 수 없을 때(등록명의인의 성명, 또는 주소가 불명인 경우)에는 국가를 상대방으로 소유권확인 판결을 받아야 한다. 다만 대장상 또는 등기부상 명의인이 분명한 경우에도 국가가 등기 또는 등록명의자인 제3자의 소유를 부인하면서 계속 국가소유를 주장하는 등 특별한 사정이 있는 경우에는 국가를 상대방으로 하여 확인을 구할 이익이 있다.

■ 대판 2009. 10. 15. 2009다 48633 판결

　국가를 상대로 한 토지소유권확인청구는 그 토지가 미등기이고 토지대장이나 임야대장에 등록명의자가 없거나 등록명의자가 누구인지 알 수 없을 때와 그 밖에 국가가 등기 또는 등록명의자인 제3자의 소유를 부인하면서 계속 국가소유를 주장하는 등 특별한 사정이 있는 경우에 한하여 확인의 이익이 있다.

08
토지 소유권 상실과 부당이득

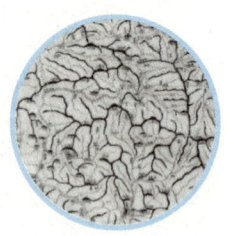

   지방 자치 단체가 사유지를 도로로 점유 사용하는 경우 도로 폐쇄에 의한 점유 종료일 또는 토지 소유자의 소유권 상실일 까지 장래 이행기 도래분에 대한 부당이득금의 반환을 청구할 수 있다.(대법원 1993. 3. 9. 91다 46717 판결) 위와 같이 선친의 토지가 상속인 모르게 도로가 되어 지방자치 단체가 점유 사용하는 경우 부당이득금 문제로 갈수 있는 판례로서 선친 토지가 도로로 되어 있는 등 사유지가 침범 당한 경우를 예정하여 판시한 것이다.

09
사망자와 다수의 상속인 관계

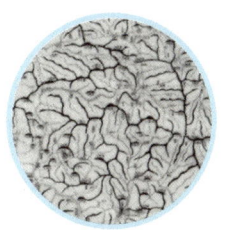

　원고가 사망 사실을 모르고 사망자를 피고로 표시하여 소를 제기한 경우에 청구의 내용과 원인 사실 당해 소송을 통하여 분쟁을 실질적으로 해결하려는 원고의 소제기 목적 내지는 사망 사실을 안 이후의 원고의 피고표시 정정신청 등 여러 사정을 종합하여 볼 때 사망자의 상속인이 처음부터 실질적인 피고이고 다만 그 표시를 잘못한 것으로 인정된다면 사망자의 상속인으로 피고의 표시를 정정할 수 있다. 그리고 이 경우에 실질적인 피고로 해석되는 사망자의 상속인은 실제로 상속을 하는 사람을 가리키고 상속을 포기한 자는 상속 개시 시부터 상속인이 아니었던 것과 같은 지위에 놓이게 되므로 제1순위 상속인이라도 상속을 포기한 경우에는 이에 해당하지 아니하며 후순위 상속인이라도 선순위 상속인의 상속 포기 등으로 실제로 상속인이 되는 경우에는 이에 해당한다.(대법원 2006. 7. 4. 2005마 425 판결)

10
부동산 처분금지에 대하여

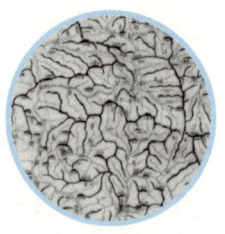

　부동산 등기 청구권을 보전하기 위한 처분금지 가처분이 부당하게 집행되었다고 하더라도 이러한 처분금지 가처분은 처분 금지에 대하여 상대적 효력만을 가지는 것이어서 그 집행 후에도 채무자는 당해 부동산에 대한 사용 수익을 계속하면서 여전히 이를 처분할 수 있으므로 비록 그 가처분의 존재로 인하여 처분 기회를 상실하였거나 그 대가를 제때 지급받지 못하는 불이익을 입었다고 하더라도 그것이 당해 부동산을 보유하면서 얻은 점용이익을 초과하지 않는 한 손해가 발생하였다고 보기 어렵고 설사 점용이익을 초과하는 불이익을 입어 손해가 발생하였다고 하더라도 그 손해는 특별한 사정에 의하여 발생한 손해로서 가처분 채권자가 그 사정을 알았거나 알 수 있었을 때에 한하여 배상 책임을 진다고 할 것이다.(대법원 2001. 1. 19. 2000다 58132 판결) 선친의 부동산이 틀림없다고 자료를 갖추고 본격적으로 소유권이전등기 말소내지 소유권이전등기나 원상회복 절차를 밟기 전에 소유자를 상대로 하여 우선 가처분으로 부동산 처분금지 가처분을 신청하는데 불법하거

나 부당하게 가처분을 할 우려가 있다는 이유로 불허가가 날수 있는데 위와 같은 판례로 인하여 가처분으로 인한 담보를 제공하면 보다 쉽게 가처분 결정을 얻어낼 수 있게 된다. 물론 어느 정도 소명자료를 갖추어야 함은 물론이다.

11
지적 공부에 대한 행정처분

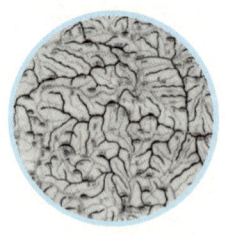

구 지적법(2001. 1. 26. 법률 제6389호로 전문 개정되기 전의 것) 제20조 제38조 제2항의 규정은 토지 소유자에게 지목변경 신청권과 지목 정정 신청권을 부여한 것이고 한편 지목은 토지에 대한 공법상의 규제 개발 부담금의 부과 대상 지방세의 과세대상 공시지가의 산정 손실보상 가액의 산정 등 토지행정의 기초로서 공법상의 법률관계에 영향을 미치고 토지 소유자는 지목을 토대로 토지의 사용 수익 처분에 일정한 제한을 받게 되는 점 등을 고려하면 지목의 토지 소유권을 제대로 행사하기 위한 전제 요건으로서 토지 소유자의 실체적 권리관계에 밀접하게 관련되어 있으므로 지적 공부 소관청의 지목변경 신청 반려 행위는 국민의 권리 관계에 영향을 미치는 것으로서 항고 소송의 대상이 되는 행정처분에 해당한다.(대법원 2004. 4. 22. 2003두9015 전원합의체 판결)

12
토지의 득실에 관한 포락

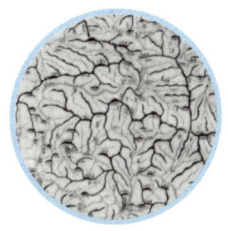

　토지 소유권의 상실 원인이 되는 포락이라 함은 토지가 바닷물이나 적용 하천의 물에 무너져 바다나 적용 하천에 떨어져 그 원상복구가 불가능한 상태에 이르렀을 때를 말하고 그 원상회복의 불가능 여부는 포락 당시를 기준으로 하여 물리적으로 회복이 가능한지 여부를 기준으로 하여야 하는 것으로서 복구 후 토지 가액보다 복구 공사비가 더 많이 들게 되는 것과 같은 경우에는 사회 통념상 그 원상복구가 불가능하게 되었다고 볼 것인데 일제 강점기 때 하천부지가 있고 일반 토지가 있을 경우 세월이 흐르다 보니 하천에 떠내려가는 등 일부가 흔적이 없어진 경우도 있고 일부가 더 늘어난 경우도 있어 그 면적 데로 등재, 등기한 후 현재에 이른 경우가 있다. 이러한 경우를 가려내어 선친 토지를 확정하려면 이 부분의 관련법을 숙지할 필요가 있다.

　이에 일제 강점기 당시 조선 하천령(1927. 1. 22. 제정 제2호)에 의하면 사유지가 하천부지가 되어 포락되었다 하더라도 그것만으로 포락지에 대한 사권이 소멸되는 것은 아니고 조선 하천령 상의 절차에 따라 하천 구역으로 인정될 때 사권이 소멸되므로 포락 되었다는 사실만을 들어 포락지에 대한 종전 사권이 소멸되었다고 볼 수는 없으나 구 하천법 제2조 제4조 및 제12조에 의하면 종전까지 국유 하천으로 명칭과 구간이 지정되고 하천의 구역을 관리청이 인정 고시하게 되면 국유 하천으로 명칭과 구간이 지정되고 하천의 구역을 관리청이 인정 고시하게 되면 그 고시된 하천 구역에 속하는 토지는 관리청의 인정 고시와 동시에 국유로 되고 포락지에 대한 종전 사권은 소멸하게 된다.

13
중복 소유권 보존등기

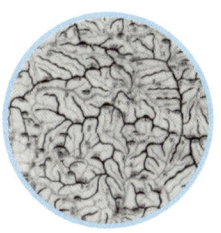

　동일 부동산에 관하여 경료 된 각 소유권 보존등기가 그 부동산을 표상함에 부족함이 없는 것으로 인정되는 경우 그 각 등기는 모두 공시의 효력을 가지게 되고 따라서 뒤에 이루어진 소유권 보존등기는 중복 등기에 해당하여 앞선 등기에 원인무효의 사유가 없는 한 뒤의 등기는 원인무효로 귀착될 수밖에 없다.

　구 국유재산법(1994. 1. 5. 개정되기 전의 것) 제32조 제1항 제1호 구 국유재산법 시행령(1994. 4. 12. 대통령령 제14209호로 개정되기 전의 것) 제33조 제1항 제2호 구 국유임야 관리특별 회계법(1993. 12. 31. 법률 제4676호로 폐지) 제2조의 규정들과 판례를 종합하여 보면 국가 소유의 잡종재산은 원칙적으로 총괄청인 재정관할부의 회계에 속하는 재산은 그 소관청이 관리 처분권을 가지고 총괄청은 관리 처분권을 가지지 못하는 것으로 그 관리청이 아닌 주무관청의 처분 행위는 무효라고 볼 수밖에 없으며 구 국유임야 관리 특별 회계법 규정에 의하면 산림청 소관의 국유재산은 그것이 임야인지 여부를 불문하고 모두 위 특별회계에 속하고 따라서 재무 주무 관청은 관리 처분권을 가지지 못한다.

이에 동일 부동산에 대하여 경료 된 각 소유권 보존등기가 그 부동산을 표상함에 부족함이 없는 것으로 인정되는 경우 그 각 등기는 모두 공시의 효력을 가지게 되고 따라서 뒤에 이루어진 소유권 보존등기는 중복등기에 해당하여 신 등기에 원인무효의 사유가 없는 한 원인무효로 귀착될 수밖에 없다.

사실상 경작한 경작자는 그 이유로 이건 각 토지를 주무관청으로부터 매수할 수 있었던 사실을 알 수 있고 또 이 사건 각 토지의 지번을 보았을 때 이 사건 각 토지는 인접한 것으로 보이는 바 경험칙 상 그렇다면 실 경작자는 이 사건 제2토지뿐만 아니라 제1토지까지 인도받아 점유하였던 것으로 보는 것이 일반적인 바 기록에 의하여 원심 변론 종결에 이르기까지 소송 결과를 살펴보면 원심은 이 사건 제1변론 종결에 이르기까지 원심은 이 사건 이유만으로 원고에게 더 이상의 입증 기회를 주지 아니하고 사실상 경작자인 이 사건 제2토지의 점유 사실을 모른다고 볼 증거가 없다는 이유로 이 사건 제1토지에 대한 원고의 이 사건 토지의 청구를 기각 한 것으로 되어 원심판결은 심리미진으로 사실을 오인한 위법이 있다 할 것이다.

■ 대판 2006. 9. 28. 2006다 22074 판결

　20년간 소유의 의사로 평온 공연하게 부동산을 점유한자는 등기를 함으로써 그 소유권을 취득한다(민법 제245조 제1항) 점유취득시효에 있어서는 등기부상의 권리자와 시효 취득자는 부합하지 않으므로 등기가 필요하게 된다. 민법 제245조 제1항의 점유취득시효기간의 완성만으로는 소유권취득의 효력이 바로 생기는 것이 아니라 다만 이를 원인으로 하여 소유권취득을 위한 등기청구권이 발생할 뿐이고 미등기부동산의 경우라고 하여 취득시효 기간의 완성만으로 등기 없이도 점유자가 소유권을 취득한다고 볼 수 없다.

　민법 제245조 제2항은 부동산의 소유자로 등기한 자가 10년간 소유의 의사로 평온, 공연하게 선의이며 과실 없이 그 부동산을 점유한 때에는 소유권을 취득한다고 규정하고 있는 바 위 법조상의 등기는 부동산등기법 제15조가 규정한 1부동산 1용지주의에 위배되지 아니한 등기를 말하므로 어느 부동산에 관하여 등기명의인을 달리하여 소유권보존등기가 2중으로 경료된 경우에 먼저 이루어진 소유권보존등기가 원인무효가 아니어서 뒤에 된 소유권보존등기가 무효로 되는 때에는 뒤에 된 소유권보존등기나 이에 터 잡은 소유권이전등기를 근거로 하여서는 등기부취득시효의 완성을 주장할 수 없다.

14
토지 분필과 합병

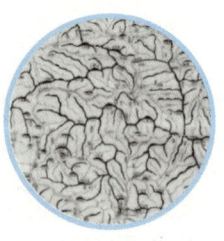

◉ 토지 분할과 선친토지의 근거

　지적공부 소관청에 의한 지번 지적 등의 확정절차 없이 1필의 토지의 일부에 대한 등기를 할 수 있는가? 토지의 합병 분합에 의해 지적공부상의 표시가 달라진 경우 토지소유자가 경계 확정 절차를 거치지 아니하고서 자기토지로 소유권을 주장할 수 있다. 1필지의 토지가 여러 필지로 분할되어 지적공부에 등록되었다가 그 지적 공부가 소관청이 멸실된 지적 공부를 복구하면서 분할전종전의 1필지로만 복구한 경우 종전의 분할된 각 토지의소유자는 그 소유의 분할 전 1필지의 토지의 일부분에 대한 소유권 확인 또는 이전등기소로서 소를 제기할 수 있다. 선친 토지가 일부 다른 곳으로 흡수되거나 일부 떨어져 나가 다른 토지에 합해진 경우에도 원천적인 선친 토지가 존재하는 한 모두 원상회복할 수 있다는 것이다. 따라서 현재 누구의 토지 소유로 되었는지가 중요하지 않고 선친토지의 근거가 어디에 있는지를 찾는 것이 중요하다.

아무리 토지 인근의 상황이 변동되고 합하거나 분리되었다 하여도 근본이 어떻게 존재하였는지가 매우 중요하다.

📍 토지 분할과 경계 특정

1필의 토지를 두필 이상의 토지로 분할하여 등기를 하려면 먼저 지적공부 소관청에서 지적 측량을 하고 그에 따라 필지마다 지번. 지목. 경계. 또는 좌표와 면적이 정하여 지고 지적 공부에 등록이 되어야 비로소 등기가 가능한 것이므로 판결에 첨부된 표시만으로 지적 공부 소관청에서 이러한 절차의 시행이 불가능하다면 그 토지가 합병된 것이어서 구 지번 표시에 의하여 각 토지를 구별할 수 있다 하여도 지적공부 소관청에 의한 지번 지적 등의 확정 절차가 없는 이상 목적물이 특정되지 않았음에는 다른 차이가 없으므로 그 구 지번을 표시하여 등기를 할 수는 없다. 즉 지적공부 확정 절차가 없는 한 분필하여도 특정되지 않는다는 것이다. 먼 옛날에는 이런 선친 토지가 상당수 있으므로 이런 규정에 유념하여야 한다.

📍 합병 분할의 효력

토지의 합병 분할에 의하여 지적 공부상의 표시가 달라졌다 하여도 합병 분할 전의 토지 자체가 없어지거나 그 토지에 대한 권리 관계에 변동이 생기는 것이 아니므로 토지 소유자는 자기 소유 토지를 특정할 수 있는 한 지적공부상 구 지번의 경계를 복원하거나 경계 확정의 소에 의한 경계 확정 절차를 거치지 않고서도 그 소유권을 주장하는 데에는 아무런 지장이 없다.

15
토지 소유권의 범위

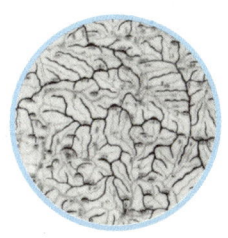

📍 지적공부 멸실과 복구

 1필지의 토지가 여러 필지로 분할되어 지적 공부에 등록되었다가 그 지적 공부가 모두 멸실된 후 지적공부 소관청이 멸실된 지적공부를 복구하면서 분할 전의 1필지의 토지로만 복구된 경우 종전의 분할된 각 토지 소유자는 종전의 분할된 토지의 경계를 지적공부상으로 분할할 수 있을 정도로 특정하여 분할 전 1필지의 토지의 일부분에 대한 소유권 확인 또는 소유권이전등기의 말소를 구하는 소송을 제기할 수 있다.

📍 등기 명의 회복의 소

 자기 또는 피상속인 명의로 소유권을 표상하는 등기가 되어 있었거나 법률에 의하여 소유권을 취득한 진정한 소유자가 그 등기 명의를 회복하기 위한 수단으로 그 소유권에 기하여 현재의 등기 명의인을 상대로 그 등기의 말소를 구하는 외에 진정한 등기 명의의 회복을 원인으로 한 소유권 등기 이전절차의 이행을 직접 구하는 것도 허용된다.

임야 원도

 6.25전쟁으로 소관 면사무소에 있던 지적공부와 등기부 등이 모두 소실되었고 행정청은 1980년에 이르러 이 임야 소재지 일대 지적 공부를 복구하면서 사정 당시의 임야 원도에 의하여 사정 당시 대로 분할 전의 임야로 복구하였을 경우 당사자가 국을 상대로 하여 일부 임야의 소유권이 자기에게 있음을 확인하여 달라는 소를 제기한 경우 보안림 편입 당시의 관보, 민유 임야 이용 구분 조사서 등을 증거로 제출하여 승소하여 소유권 보존등기를 하였다. 이후 임야를 매도하여 다른 자에게 소유권 이전등기가 경료 된 경우가 있는데 이렇게 멸실된 경우에도 사정 당시의 임야원도는 아주 중요한 역할을 하므로 오래전의 선친 토지가 사정되기만 하였으면 되찾는 길이 열려 있다.

확정 판결의 기판력은 소유권 자체에는 미치지 않는다.

 확정 판결의 기판력은 소송물로 주장된 법률관계의 존부에 관한 판단의 결론에만 미치고 그 전제가 되는 법률관계의 존부에까지 미치는 것은 아니므로 계쟁 부동산에 관한 피고명의의 소유권 이전등기가 원인 무효라는 이유로 원고가 피고를 상대로 하여 그 등기의 말소를 구하는 소송을 제기하였다가 청구 기각의 판결을 선고받아 확정되었다고 하더라도 그 확정 판결의 기판력은 소송물로 주장된 말소등기 청구권이나 이전등기 청구권의 존부에만 미치는 것이지 그 기본이 된 소유권 자체의 존부에는 미치지 아니한다.

소유권 말소등기의 범주

등기원인의 존부에 관하여 분쟁이 발생하여 그 당사자 사이에 소송이 벌어짐에 따라 법원이 위 등기원인의 존재를 인정하면서 이에 기한 등기절차의 이행을 명하는 판결을 선고하고 그 판결이 확정됨에 따라 이에 기한 소유권이전등기가 마쳐진 경우 그 등기원인에 기한 등기 청구권은 법원의 판단에 의하여 당사자 사이에서 확정된 것임이 분명하고 법원이나 제3자도 위 당사자 사이에 그러한 기판력이 발생하였다는 사실 자체는 부정할 수 없는 것이므로 위 기판력이 미치지 아니하는 타인이 위 등기원인의 부존재를 이유로 확정 판결에 기한 등기의 추정력을 번복하기 위해서는 일반적으로 등기의 추정력을 번복함에 있어서 요구되는 입증의 정도를 넘는 명백한 증거나 자료를 제출하여야 하고 법원도 그러한 정도의 입증이 없는 한 확정 판결에 기한 등기가 원인 무효라고 단정하여서는 아니 될 것이다.(대법원 2002. 9. 24. 선고 2002다 26252 판결)

공유 지분권

 공유자 사이에 공유물을 사용 수익할 구체적인 방법을 정하는 것은 공유물의 관리에 관한 사항으로서 공유자의 지분의 과반수로서 결정하여야 할 것이고 과반수의 지분을 가진 공유자는 다른 공유자와 사이에 미리 공유물의 관리방법에 관한 협의가 없었다 하더라도 공유물의 관리에 관한 사항을 단독으로 결정할 수 있으므로 과반수의 지분을 가진 공유자가 그 공유물의 특정 부분을 배타적으로 사용 수익하기로 정하는 것은 공유물의 관리 방법으로서 적법하며 다만 그 사용 수익의 내용이 공유물의 기존의 모습에 본질적 변화를 일으켜 관리 아닌 처분이나 변경의 정도에 이르는 것이어서는 안 될 것이고 예컨대 다수 지분권자라 하여 나대지에 새로이 건물을 건축한다던지 하는 것은 관리의 범위를 넘는 것이 될 것이다.

16
하천 구역의 편입과 국유지 및 감정평가

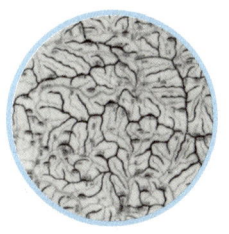

　타인의 의뢰에 의하여 일정한 보수를 받고 담보물건 등의 경제적 가치를 판정하여 그 결과를 가액으로 표시하는 감정평가를 업으로 하는 감정평가 업자가 당해 담보물건인 토지를 개별적으로 감정평가하는 경우에는 실지조사에 의하여 대상물건을 확인하고 비교 표준지의 공시지가를 기준으로 지가 변동에 영향을 미치는 관계법령에 의한 토지 시용, 처분 등의 제한 또는 그 해제 등의 여러 가지 사항을 종합적으로 참작하고 평가대상 토지와 표준지의 지역 요인과 개별 요인에 대한 분석 등 필요한 조정을 하는 방법으로 신의와 성실로서 공정하게 감정평가를 할 주의의무가 있다. 당해 토지가 하천구역에 편입되어 국유로 된 경우에 그 토지가 하천구역에 편입되었음을 의심할 만한 객관적으로 명백한 사유가 있어 감정평가 업자가 감정평가 과정에서 통상적으로 요구되는 선량한 관리자의 주의를 기울였다면 이를 쉽게 알 수 있었음에도 그 주의 의무를 게을리한 결과 이를 알지 못한 채 감정평가를 하였다면 과실로 인한 감정평가의 하자가 있다고 할 것이나 한편으로 외관상 강

물이 흐르고 있지 아니한 토지가 하천구역에 편입되어 국유로 되었다는 사정은 토지의 외관이나 이용 상황만으로는 쉽게 알기 어렵고 감정평가 업무에 통상적으로 이용되는 공부나 공적 서류에 의하여도 그와 같은 사정을 알아보기가 쉽지 않다는 점에 비추어 보면 감정평가 업자가 실지조사 공부조사 등 감정평가에 수반되는 조사 업무를 통상적으로 요구하는 주의 정도에 따라 성실히 수행하였음에도 당해 토지가 하천구역에 편입되어 국유로 된 토지인 사실을 알아내지 못한 채 그 시기에 대하여 감정평가를 하였다고 하더라도 이를 가지고 과실로 인한 감정평가의 하자라고 볼 수는 없다.(대법원 2002. 9. 27. 선고 2001다 19295 판결)

17 하천에 관한 손실보상

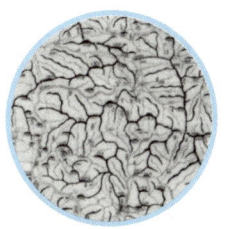

 구 하천법(1999. 2. 8. 법률 제5893호로 개정되기 전의 것) 제74조에 의하면 하천 예정지 지정 또는 하천 공사로 인한 손실보상을 받으려면 먼저 위 조문에 정해진 바에 따라 하천 관리청과 협의를 하고 그 협의가 성립되지 아니하거나 협의를 할 수 없을 때에는 관할 토지 수용위원회에 재결을 신청하며 그 재결에 대하여도 불복일 때에는 바로 관할 토지 수용위원회를 상대로 재결 자체에 대한 행정 소송을 제기하여 그 결과에 따라 손실 보상을 받을 수 있을 뿐이고 직접 하천 관리청 또는 국가를 상대로 민사소송으로 손실보상을 청구할 수는 없다.

18
취득시효

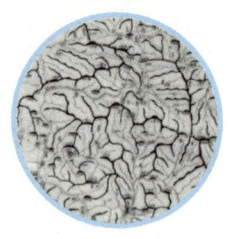

📍 타주 점유의 특단의 사정

    일반적으로 부동산을 매수하려는 사람은 매매 계약을 체결하기 전에 그 등기부등본 이나 지적 공부 등에 의하여 소유관계 및 면적 등을 확인한 다음 매매 계약을 체결하고 그 매매대상 대지의 면적이 등기부상의 면적을 상당히 초과하는 경우에는 특별한 사정이 없는 한 계약 당사자들이 이러한 사실을 알고 있었다고 보아야 하고 이러한 경우에는 매도인이 그 초과 부분에 대한 소유권을 취득하여 이전하여 주기로 약정하는 등의 사정이 없는 한 그 초과 부분에 대한 점유는 성질상 타주 점유에 해당한다. 즉 매수인이 모르는 상태에서 자기가 구입한 부동산 면적이 실재보다 큰 경우 그 부분은 자주점유로써 점유 취득 시효가 적용되지 않는 타주점유로 본다는 것이다.

> ■ 대판 2004. 9. 24. 2004다 31463 판결
>
> 부동산점유취득시효는 20년의 시효기간이 완성한 것만으로 점유자가 곧바로 소유권을 취득하는 것은 아니고 민법 제245조 제1항에 따라 점유자 명의로 등기를 함으로써 소유권을 취득하게 되며 이는 원시취득에 해당하므로 특별한 사정이 없는 한 원소유자의 소유권에 기인한 각종 제한에 의하여 영향을 받지 아니하는 완전한 내용의 소유권을 취득하게 된다.

농지개혁 특별조치법과 타주점유

구 농지개혁법(1994. 12. 22. 법률 제4817호 농지법 부칙 제2조 제1호로 폐지)에 의하여 자경하지 않는 농지를 정부가 매수한 것은 후에 그 농지가 분배되지 않을 것을 해제조건으로 매수한 것이므로 구 농지개혁 사업정리에 관한 특별조치법(위 농지법부칙 제2조 제2호로 폐지 이하 특별조치법이라 한다.) 시행 당시에 분배되지 아니한 농지는 특별조치법 제2조 제1항의 규정에 의하여 국유로 등기되거나 확인된 경작자에게 분배할 농지를 제외하고는 특별조치법 시행과 동시에 분배되지 아니하기로 확정되어 원 소유자의 소유로 환원되고 특별조치법 제2조 제1항에 의하여 국유로 등기된 농지라 하더라도 그 후 특별조치법 제2조 제3항의 기간 내에 특별조치법 제2조 제2항에 의거하여 분배된 농지를 제외한 그 외의 농지는 특별조치법 제2조 제3항의 1년의 기간이 경료 됨과 동시에 국가의 매수 조치가 해제되어 원 소유자의 소유로 환원된다. 구 농지개혁법(1994. 12. 22. 법률 제4817호 농지법 부칙 제2조 제1호로 폐지)에

의하여 정부가 매수한 농지가 농민들에게 분배되지 않는 것으로 확정될 경우 그 소유권은 원 소유자에게 복귀되는 것이므로 국가가 구 농지법에 따라 농지를 매수한 경우에는 원 소유자에게 환원될 것이 매수 당시부터 예정되어 있는 것이므로 국가의 농지 매수에 대한 점유는 진정한 소유자의 지배를 배제하려는 의사를 가지고 하는 자주점유라고 볼 수 없고 권원의 성질상 타주 점유로 보아야 한다.(대법원 2001. 12. 27. 선고 2001다 48187 판결)

취득시효 자주 점유의 특별성

민법 제197조 제1항에 의하면 물건의 점유자는 소유의 의사로 점유한 것으로 추정되므로 점유자가 취득 시효를 주장하는 경우 스스로 소유의 의사를 입증할 책임은 없고 그 점유자의 점유가 소유의 의사가 없는 점유임을 주장하여 취득시효의 성립을 부정하는 자에게 그 입증책임이 있으며 점유자의 점유가 소유의 의사 있는 자주 점유인지 아니면 소유의 의사 없는 타주점유인지의 여부는 점유자의 내심의 의사에 의하여 결정되는 것이 아니라 점유 취득의 원인이 된 권원의 성질이나 점유와 관계가 있는 모든 사정에 의하여 외형적 객관적으로 결정되어야 하기 때문에 점유자가 성질상 소유의 의사가 없는 것으로 보이는 권원에 바탕을 두고 점유를 취득한 사실이 증명되었거나 점유자가 타인의 소유권을 배제하여 자기의 소유물처럼 배타적 지배를 하려는 의사를 가지고 점유하는 것으로 볼 수 없는 객관적 사정 즉 점유자가 진정한 소유자라면 통상 취하지 아니할 태도를 나타내거나 소유자라면 당연히 취했을 것으로 보이는 행동을 취하지 아니한 경우 등 외형적 객관적으로 보아 점유자가 타인의 소유권을 배척하고 점유할 의사를 갖고 있지 아니하였던 것이라고 볼만한 사정이 증명된 경우에 한하여 그 추정은 깨어지는 것이다.

> ■ 대판 1996. 12. 23. 95다 31317 판결
>
> 점유는 소유의 의사를 가지고 하는 이른바 '자주점유'이어야 한다. 취득시효의 요건으로서의 물건에 대한 점유란 사회통념 상 어떤 사람의 사실적 지배에 있다고 보여지는 객관적 관계를 말하는 것으로서, 사실상의 지배가 있다고 하기 위해서는 반드시 물건을 물리적 현실적으로 지배하는 것만을 의미하는 것은 아니고 물건과 사람과의 시간적 공간적 관계와 본 권 관계, 타인 지배의 배제 가능성 등을 고려하여 사회 관념에 따라 합리적으로 판단하여야 한다.

📍 상속에 의한 점유의 승계와 타주점유

선친토지를 찾았고 그 전전 이전된 과정이 한 집안에서 상속으로 이루어진 경우 처음 점유를 시작한 자의 자주점유, 타주점유 여부가 상속인에게 거의 상속된다. 점유의 승계가 있는 경우 전 점유자의 점유가 타주점유라 하여도 점유자의 승계인이 자기의 점유만을 주장하는 경우에는 현 점유자의 점유는 자주점유로 추정한다. 점유자가 스스로 매매 또는 증여와 같이 자주점유의 권원을 주장하였으나 이것이 인정되지 않는 경우에도 원래 자주점유의 권원에 관한 입증책임이 점유자에게

있지 아니한 이상 그 주장의 점유 권원이 인정되지 않는다는 사유만으로 자주점유의 추정이 번복된다거나 또는 자주점유의 성질상 타주점유라고 볼 수 없다.

■ 대판 1989. 4. 11. 88다카 8217 판결

　점유권은 점유권자의 사망으로 인하여 상속인에게 이전(승계) 하는 것이고 상속인이 미성년자인 경우에는 그 법정 대리인을 통하여 점유권을 승계 받아 점유를 계속할 수 있는 것이며 점유의 계속은 추정된다. 상속에 의하여 점유권을 취득한 경우에는 상속인이 새로운 권원에 의하여 자기고유의 점유를 시작하지 않는 한 피상속인의 점유의 성질과 하자를 그대로 승계한다. 따라서 상속에 의하여 점유권을 취득한 상속인은 새로운 권원에 의하여 자기 고유의 점유를 시작하지 않는 한 피상속인의 점유의 성질과 하자를 떠나 자기의 점유만을 주장할 수 없다.

■ 대판 1995. 1. 12. 94다 19884 판결

　상속에 의하여 점유권을 취득한 경우에는 상속인이 새로운 권원에 의하여 자기 고유의 점유를 시작하지 않는 한 피상속인의 점유를 떠나 자기만의 점유를 주장할 수 없고 선대의 점유가 타주점유인 경우에 선대로부터 상속에 의하여 점유를 승계한 자의 점유도 그 성질 내지 태양을 달리하는 것이 아니어서 특단의 사정이 없는 한 그 점유가 자주점유로 될 수 없고 그 점유가 자주점유가 되기 위해서는 점유자가 소유자에 대하여 소유의 의사가 있는 것을 표시하거나 새로운 권원에 의하여 다시 소유의 의사로서 점유를 시작하여야 한다.

📍 취득 시효 부정 판례

민법 제197조 제1항에 의하면 물건의 점유자는 소유의 의사로 점유

한 것으로 추정되므로 점유자가 취득 시효를 주장하는 경우에 있어서 스스로 소유의 의사를 입증할 책임은 없고 오히려 그 점유자의 점유가 소유의 의사가 없는 점유임을 주장하여 점유자의 취득 시효의 성립을 부정하는 자에게 그 입증책임이 있는 것이고 따라서 점유자가 성질상 소유의 의사가 없는 것으로 보이는 권원에 바탕을 두고 점유를 취득한 사실이 증명되었거나 점유자가 타인의 소유권을 배제하여 자기의 소유물처럼 배타적 지배를 행사하는 의사를 가지고 점유하는 것으로 볼 수 있는 객관적 사정 즉 외형적 객관적으로 보아 점유자가 타인의 소유권을 배척하고 점유할 의사를 갖고 있지 아니하였던 것이라고 볼만한 사정이 증명된 경우에 그 추정이 깨어지는 것이다.(대법원 1997. 8. 21. 선고 95다 28625 전원합의체 판결)

■ 대판1983. 7. 12. 82다 708 판결

　민법 제197조 제1항에 의하면 물건의 점유자는 소유의 의사로 점유한 것으로 추정되므로 점유자가 취득시효를 주장하는 경우에 있어서 스스로 소유의 의사를 입증할 책임은 없고 오히려 그 점유자의 점유가 소유의 의사가 없는 점유임을 주장하여 점유자의 취득시효의 성립을 부정하는 자에게 그 입증 책임이 있는 것이며 여기서 점유자의 상대방이 타주점유임을 입증하기 위해서는 적어도 점유자가 타인의 소유권을 배제하여 자기의 소유물처럼 배타적 지배를 행사하는 의사를 가지고 점유하는 것으로 볼 수 없는 객관적인 사정이 있음을 입증하여야 한다.

📍 취득시효 완성 후 이전 등기된 것

취득시효 완성 후 경료 된 무효인 제3자의 명의의 등기에 관하여 시효 완성 당시의 소유자가 무효행위를 추인하여도 제3자 명의의 등기는 그 소유자의 불법행위에 제3자가 적극 가담하여 경료된 것으로서 사회질서에 반하여 무효이다.

📍 장기간의 토지권리행사 방치

토지 소유자가 그 점유에 대하여 부당이득 반환 청구권을 장기간 적극적으로 행사하지 아니하였다는 사정만으로는 부당이득 반환 청구권이 이른바 실효의 원칙에 따라 소멸하였다고 볼 수 없다. 권리자가 장기간에 걸쳐 그 권리를 행사하지 아니하여 새삼스럽게 그 권리를 행사하는 것이 신의 성실의 원칙에 위반되어 허용되지 아니한다고 하려면 의무자인 상대방이 더 이상 권리자가 그 권리를 행사하지 아니할 것으로 믿을만한 정당한 사유가 있어야 한다. 이에 따라 토지 소유자가 상대방을 상대로 청구하는 부당이득 반환 청구권은 소멸할 수 없음이 원칙인 바 소유자나 상속인이나 모두 같은 입장이다.

📍 자기 물건의 취득시효

취득 시효는 당해 부동산을 오래 동안 계속하여 점유한다는 사실 상태를 일정한 경우에 권리 관계로 높이려고 하는 것에 그 존재 이유가 있는 점에 비추어 보면 시효 취득의 목적물은 타인의 부동산임을 요하지 않고 자기 소유의 부동산이라도 시효취득의 목적물이 될 수 있다 할 것이고 취득시효를 규정한 민법 제245조가 타인의 물건인 점을 규정에서 빼놓은 것도 같은 취지에서 라고 할 것이다.(대법원 1973. 7. 24. 선고 73다 559 판결)

국유 토지 점유 취득과 시효이익 포기

취득시효 기간 만료 후 국가에 대하여 무단 점유 사실을 확인하면서 당해 토지에 관하여 어떠한 권리도 주장하지 아니한다는 내용의 각서를 작성 교부하였고 국가와 사이에 토지를 대부하되 대부 기간이 만료되거나 계약이 해지될 경우 지정한 기간 내에 원상으로 회복하여 반환하고 당해 토지에 관한 연고권을 주장할 수 없다는 내용의 국유재산 대부 계약을 체결하였으며 당해 토지를 권원 없이 점유한데 대한 변상금 및 대부 계약에 따른 대부료를 납부한 경우 점유자는 취득 시효 완성의 이익을 포기하는 적극적인 의사표시를 하였다고 본다. 취득시효 완성 후에 그 사실을 모르고 당해 토지에 관하여 어떠한 권리도 주장하지 않기로 하였다 하더라도 이에 반하여 시효 주장을 하는 것은 특별한 사정이 없는 한 신의칙상 허용되지 않는다.(대법원 1998. 5. 22. 선고 96다24101 판결)

📍 취득 시효 중단

소유권 이전 등기를 명한 확정 판결의 피고가 재심의 소를 제기하여 토지에 대한 소유권이 여전히 자신에게 있다고 주장한 것은 상대방의 시효취득과 양립할 수 없는 자신의 권리를 명확히 표명한 것이므로 이는 취득시효의 중단 사유가 되는 재판상의 청구에 준하는 것이라고 볼 것이고 위 확정 판결에 의해 소유권이전 등기를 경료 받은 자의 당해 토지에 대한 취득시효는 재심의 소 제기일로부터 재심판결 확정일까지 중단된다.

📍 시효중단에 대한 승계인

민법 제169조 소정의 승계인이라 함은 시효중단에 관여한 당사자로부터 중단의 효과를 받는 권리를 그 중단 효과 발생 이후에 승계한 자를 가리킨다. 민법 제169조가 규정한 시효의 중단은 당사자 및 그 승계인에게만 효력이 있다고 하는 것은 승계인이 중단 당시의 당사자의 점유기간을 승계하여 시효 취득을 주장할 수 없다는 것을 의미할 뿐 승계인 자신의 점유에 터 잡은 독자적인 시효 취득을 방해하는 것은 아니다.

📍 특별조치법상의 자주점유 추정력

소유자가 부동산 소유권 이전등기에 관한 특별조치법에 의하여 소유권 이전등기를 경료하고 이에 터 잡아 근저당권 및 지상권 설정 등기를 각 경료 한 사실을 알고서도 점유자가 그에 관하여 별다른 이의를 하지 아니한 사정 등이 있는 경우 자주 점유의 추정은 번복된다.

■ 대판 1997. 8. 21. 95다 28625 판결
점유자가 점유개시 당시에 소유권 취득의 원인이 될 수 있는 법률행위 기타 법률요건 없이 그와 같은 법률요건이 없다는 사실을 알면서 타인 소유의 부동산을 무단 점유한 경우. 자주점유의 추정이 깨어진다.

19

이북에 있는 소유자가
행방불명된 경우
그 재산 처리 문제

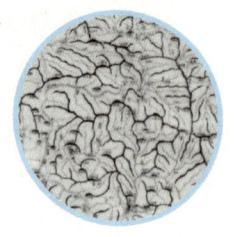

만일 이북에 있는 부재자 재산에 대하여 한국에 있는 조카가 부재자 재산관리인이 됨에는 어려움이 없으나 초과행위인 처분행위는 거의 허가되지 않는다. 아래는 재산관리에 대한 판례의 입장이다. 부재자(행방을 알 수 없는 자)의 재산관리인이 부재자 소유 부동산에 대한 매매 계약에 관하여 재산 관리인의 권한을 초과하여서 체결한 것으로 법원의 허가를 받지 아니하여 무효라는 이유로 소유권 이전등기 절차의 이행 청구가 기각되어 확정되었다고 하더라도 패소 판결의 확정 후에 위 권한 초과 행위에 대하여 법원의 허가를 받게 되면 다시 위 매매 계약에 기한 소유권이전등기 청구의 소를 제기할 수 있다. 법원의 선임에 의한 부재자 재산 관리인이 권한을 초과하여서 체결한 부동산 매매 계약에 관하여 허가 신청 절차의 이행을 약정하는 것은 권리권한 행위에 해당하다고 할 것이고 이러한 약정을 이행하지 아니한 경우 매수인으로서는 재산관리인을 상대로 하여 그 이행을 소구할 수 있다. 재산 관리인이 부재자를 대리하여 부재자 소유의 부동산을 매매하고 매수인에게 이에 대한 허가 신청을 이행하기로 약정하고서도 그 이행을 하지 아니하여 매수인으로부터 허가 신청 절차의 이행을 소구당한 경우 재산관리인의 지위는 형식상으로는 결정을 하면 재산관리인이 부재자를 대리하여서 한 매매 계약이 유효하게 됨으로써 실질적으로 부재자에게 그 효과가 귀속되는 것이므로 법원에 대하여 허가 신청 절차를 이행하기로 한 약정에 터 잡아 그 이행을 소구당한 부재자 재산관리인이 소송계속 중 해임되어 관리권을 상실하는 경우 소송절차는 중단되고 새로 선임된 재산관리인이 소송을 수계하게 된다.

20
구 임야 대장상의 소유권 변동 기재의 추정력

　구 임야대장 규칙(1920. 8. 23. 조선 총독부령 제113호)에 의하여 준용되는 구 토지대장 규칙(1914. 4. 25. 조선총독부령 제45호) 제2조는 소유권 이전에 관한 사항은 등기소의 통지가 없으면 임야 대장에 등록하지 아니한다고 규정하고 있으므로 구 임야 대장상 소유자 변동의 기재는 위 규정에 따라 등기공무원의 통지에 의하여 이루어진 것이라고 보지 않을 수 없고 따라서 그 임야대장에 소유권이 이전된 것으로 등재되어 있다면 특별한 사정이 없는 한 그 명의로 소유권 이전등기가 마쳐졌는데 그 후 등기부가 멸실된 것이라고 인정하여야 한다.

　진정 성립이 추정되는 공문서는 진실에 반한다는 등의 특별한 사정이 없는 한 그 내용의 증명력을 쉽게 배척할 수는 없다 할 것이고 그 공문서의 기재 등 붉은 선으로 그어 말소된 부분이 있는 경우에도 그 말소의 경위나 태양 등에 있어 비정상으로 이루어졌다는 등의 특별한 사정이 없는 한 그 말소된 기재 내용 대로의 증명력을 가진다.

21
선친 임야와
구 조선임야령에 관하여

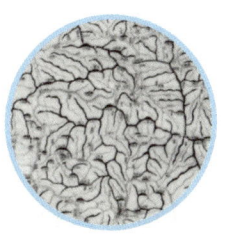

　제적등본과 내가 연결되는 것을 가지고 선친(정점에 있는 선친을 기준하여) 그분의 직계존비속의 본적 전적지 출생지 등을 모두 참조하여 토지 번지로 만든 것이라 할 것이므로 지금의 도시 계획 확인원과 대조하여 지번을 정한 후 일제 강점기하의 선친 호적이나 제적에 관련한 자료를 찾은 후 구 조선임야령(1918. 5. 1. 제령5호)에 따라 작성된 임야원도 등을 조사하여 대조한다. 그리고 그 지번을 지금은 누가 점유 소유하는지, 분할하여 왔는지 합병으로 왔는지, 수용되었던 것인지를 밝히면 선친을 찾아가는 길이 될 것이다.

22
종중 재산과 명의 신탁자의 행위

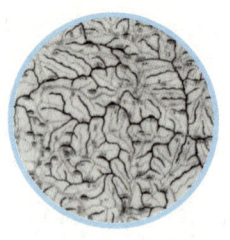

　부동산 실권리자 명의 등기 등에 관한 법률에 의하면 이른바 제3자간 명의 신탁의 경우 같은 법에서 정한 유예기간 경과에 의하여 기존 명의신탁 약정과 그에 기한 등기가 무효로 되고 그 결과 명의신탁 된 부동산은 매도인 소유로 복귀되므로 매도인은 명의 수탁자에게 무효인 그 명의 등기의 말소를 구할 수 있게 되고 한편 같은 법은 매도인과 명의 신탁자 사이의 매매 계약의 효력을 부정하는 규정을 두지 아니하여 유예기간 경과 후에도 매도인과 명의신탁자 매매 계약은 여전히 유효하므로 명의 신탁자는 매도인에 대하여 매매 계약에 기한 소유권 이전 등기를 청구할 수 있고 그 소유권이전 등기 청구권을 보전하기 위하여 매도인을 대위하여 명의 수탁자에게 무효인 그 명의 등기의 말소를 구할 수도 있다.

　과거 이런 법률이 존재하기 전에는 선친이 자신의 부동산을 타인명의로 구입한 후 계속 점유하면서 관리하였던 재산이 많았는데 그때의 관계와 부동산 실명제법이 생긴 이후 실제대로 원상복구하라는 기한

도 지난 지금에 와서는 그때의 관계를 풀어나가는 길은 이 법 밖에는 없다.

23
수용외의 잔여지 토지

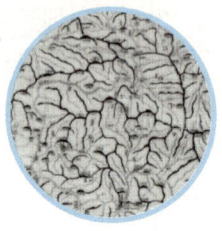

  1필지의 토지 중 수용부분이 획지조건이나 환경 조건에서 잔여지 부분보다 실제 이용 상황도 모두 장기간 방치된 잡종지상태로서 별다른 차이가 없는 경우 위 전체 토지가 수용재결 시점에의 객관적인 현황 내지 이용 상황 등을 기준으로 할 때 동일한 목적에 제공되고 있었던 일체의 토지라고 할 것이므로 잔여지 손실보상의 대상이 되는 토지수용법 소정의 일단의 토지에 해당한다고 한다. 이에 수용되어 개발이 되고 난후 잔여지 토지가 있을 경우 여전히 그곳도 수용토지에 해당하므로 지번을 잘 찾아 내야한다.

24

선친 토지가 공유인 때 수용된 후 잔여 토지에 대한 권리 행사

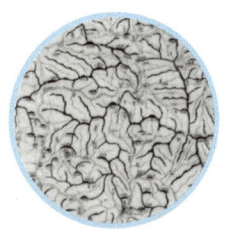

토지 수용법상 잔여지가 공유인 경우에도 각 공유자는 그 소유 지분에 대하여 각별로 잔여지 수용 청구를 할 수 있으나 잔여지에 대한 수용 청구를 하려면 우선 기업자에게 잔여지 매수에 대한 협의를 요청하여 협의가 성립되지 아니한 경우에 구 토지수용법(1999. 2. 8. 법률 제5909호로 개정되기 전의 것) 제36조의 규정에 의한 열람기간 내에 관할 토지 수용 위원회에 잔여지를 포함한 일단의 토지 전부의 수용을 청구할 수 있고 그 수용재결 및 이의 재결에 불복이 있으면 재결청과 기업자를 공동 피고로 하여 그 이의 재결의 취소 및 보상금의 증액을 구하는 행정 소송을 제기하여야 하며 곧바로 기업자를 상대로 하여 민사소송으로 잔여지에 대한 보상금의 지급을 구할 수는 없다.(대법원 2001. 6. 1. 선고 2001다 16333 판결)

25
공유지분 상속등기 효력의 한계

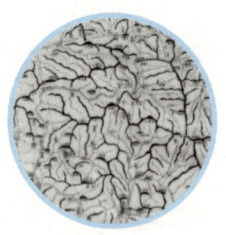

　상속을 이유로 한 지분 소유권 이전등기를 마친 공유자들 중 일부가 피상속인과 혈연관계가 없다 할지라도 그들을 상대로 한 소송에서 그 공유자들 명의의 등기가 무효임이 주장 입증되지 않는 한 그들은 적법한 소유권자로 추정된다 할 것인 바 상고인이 원심판결 변론종결 시까지 위 공유자들 명의의 등기가 무효라고 주장한 바 없고 상고심에 이르러 비로소 이를 주장하고 있다면 이는 적법한 상고 이유가 될 수 없다.(대법원 2001. 6. 12. 선고 2000다 71760 판결)

26
토지 경계 확정 절차

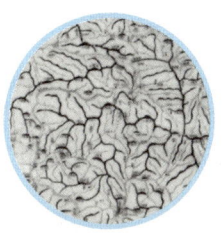

　피상속인의 토지건물이 있는 상태에서 경계에 맞대고 있는 타인의 토지소유자는 예컨대 갑·을·병·정이 있는 상태에서 나중에 상속인이 그 경계를 확정하여야 비로소 피상속인의 부동산을 처분하는 등의 절차를 취할 수 있는 경우에는 어떻게 하여야 하는가? 이에 대법원 2001. 6. 26. 선고 2000다 24207 판결을 보면 토지의 경계는 토지 소유권의 범위와 한계를 정하는 중요한 사항으로서 그 경계와 관련되어 인접하는 토지의 한편 또는 양편이 여러 사람의 공유에 속하는 경우에 그 경계의 확정을 구하는 소송은 관련된 공유자 전원이 공동으로 제소하고 상대방도 관련된 공유자 전원이 공동으로만 제소될 것을 요건으로 하는 고유필수적 공동 소송이라고 해석함이 상당하다고 판시하고 있다.

27
공탁금 수령 문제

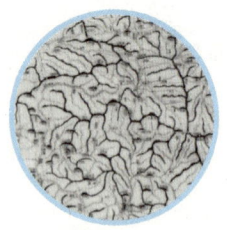

토지가 수용되는 등 사유가 있을 때에는 협의가 이루어지지 않는 경우 또는 이의절차를 거치거나 재결을 거치는 등 양인의 의사 합치가 없는 경우 결국 수용자 등이 일방적으로 공탁을 하고 피공탁자는 이를 수령하게 되는데 여기서 그 분쟁의 상대방이 누가 되는지를 확실하게 할 필요가 있다.(대법원 2001. 6. 26. 선고 2001다 19776 판결 참조) 공탁금 출급 확인의 절차에서 확인의 소는 원고의 권리 또는 법률상의 지위에 현존하는 불안 위험이 있고 확인 판결을 받는 것이 그 분쟁을 근본적으로 해결하는 가장 유효적절한 수단일 때에 허용된다. 지방물건에 대하여 소유권 분쟁이 있어 그 수용보상금이 공탁된 경우 공탁서상 피공탁자로 기재된 자는 직접 공탁 공무원에 대하여 공탁금의 출급 청구권을 행사하여 이를 수령하면 되는 것이고 구태여 피공탁자가 아닌 위 소유권 분쟁 당사자를 상대로 공탁금의 출급 청구권이 자신에게 있다는 확인을 구할 필요는 없다.

28
종중 운영의 중요 사항

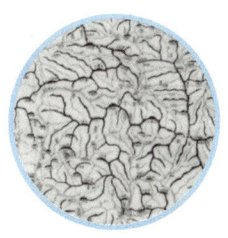

🔵 종중회의 소집

　종중 대표자는 종중 규약이나 특별한 관례가 있으면 그에 따라 선출하고 그것이 없으면 일반 관습에 의하여 종장 또는 문장이 그 종중원 중 성년이상의 종원을 소집하여 출석자의 과반수 결의로 선출하여야 하며 평소에 종장이나 문장이 선임되어 있지 아니하고 그 선임에 관한 종중 규약이나 관례가 없으면 생존하는 종원 중 항렬이 가장 높고 나이가 많은 연고 항존자가 종장 또는 문장이 되는 것이 우리나라의 일반 관습이고(대법원 1997. 2. 28. 선고 95다 44986 판결) 종중원들이 종중 재산의 관리 또는 처분 등에 관하여 대표자를 선정할 필요가 있어 적법한 소집권자에게 종중총회의 소집을 요구하였으나 소집권자가 정당한 이유 없이 이를 소집하지 아니할 때에는 차석 또는 발기인이 회의를 소집할 수 있으며(대법원 1993. 8. 24. 선고 92다 54180 판결) 종중 총회는 특별한 사정이 없는 한 족보에 의하여 소집통지 대상이 되는 종중원의 범위를 확정한 후 국내에 거주하고 소재가 분명하여 통지가 가능한 모든 종중원에게 개별적으로 소집통지를 함으로써 각자가 회의와 토의 및 의결에 참가할 수 있는 기회를 주어야 하고 일반 종중원에게 소집통지를 결여한 채 개최된 종중총회의 결의는 효력이 없으나 그 소집 통지의 방법은 반드시 직접 서면으로 하여야 하는 것은 아니고 구두 또는 전화로 하여도 되고 다른 종중원이나 세대주를 통하여 하여도 무방하다(대법원 1978. 12. 13. 선고 78다 1436 판결)

종중의 재산

어느 재산이 종중 재산임을 주장하는 당사자는 그 재산이 종중 재산으로 설정된 경위에 관하여 주장 입증을 하여야 할 것이나 이는 반드시 명시적임을 요하지 아니하며 어느 재산이 종중 재산이라는 주장 입증 속에 그 설정 경위에 관한 사실이 포함되어 있다고 볼 수 있으면 족하고 그 설정 경위의 입증은 간접사실 등을 주장 입증함으로써 그 요건 사실을 추정할 수 있으면 족하다.

29 종중 회장 선임

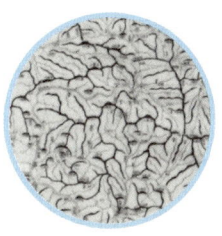

종중과 같은 비법인 사단의 대표자인 회장의 임기가 만료되었음에도 불구하고 후임자의 선임이 없거나 또는 그 선임이 있었다고 하더라도 그 선임 결의가 무효인 경우 전임 회장으로 하여금 업무를 수행케 함이 부적당하다고 인정할만한 특별한 사정이 없는 한 전임 회장은 후임자가 선임될 때까지 종전의 직무를 수행할 수 있다 할 것이고 이러한 경우에는 전임 회장은 그 임기만료 이후로도 직무수행의 일환으로서 별도의 회장을 선임한 총회 결의의 하자를 주장하여 그 무효 확인을 구할 법률상의 이익이 있다. 직선제에 의한 종중의 회장 선출시 의결 정족수를 정하는 기준이 되는 출석 종원이라 함은 당초 총회에 참석한 모든 종원을 의미하는 것이 아니라 문제가 된 결의 당시 회의장에 남아 있던 종원 만을 의미한다고 할 것이므로 회의도중 스스로 회의장에서 퇴장한 종원들은 이에 포함되지 않는다.(대법원 2001. 7. 27 선고 2000다56037 판결)

30
소유권에 대한 확인의 소

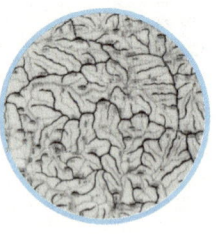

부동산 등기법 제130조에 비추어 볼 때 부동산에 관한 소유권 보존 등기를 함에 있어 토지대장등본 또는 임야대장 등본에 의하여 소유자임을 증명할 수 없다면 판결에 의하여 그 소유권을 증명하여 소유권 보존등기를 할 수밖에 없고 더욱이 대장 소관청인 국가 기관이 그 소유권을 다투고 있다면 이와 같은 판결을 얻기 위한 소송은 국가를 상대로 하여 제기할 수 있다. 미등기 토지의 토지대장에 소유명의자가 두야리 이두진이라고만 등재되어 있고 국가가 위 두야리 이두진과 원고들의 피상속인 이주진이 동일인임을 부인하면서 원고들의 소유를 다투고 있는 경우 국가를 상대로 한 소유권 확인청구는 확인의 이익이 있다.(대법원 2001. 7. 10. 선고 99다 34390 판결)

31
선친 물건을 부당하게 사용한 관계

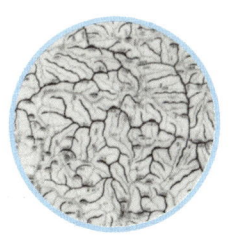

　민법 제613조 제2항에 의하면 사용대차에 있어서 그 존속 기간을 정하지 아니한 경우에는 차주는 계약 또는 목적물의 성질에 의한 사용수익이 종료한 때에 목적물을 반환하여야 하나 현실로 사용수익이 종료하지 아니한 경우라도 사용수익에 충분한 기간이 경과한 때에는 대주는 언제든지 계약을 해지하고 그 차용물의 반환을 청구할 수 있는 바 민법 제613조 제2항 소정의 사용수익에 충분한 기간이 경과하였는지의 여부는 사용대차 계약 당시의 사정 차주의 사용기간 및 이용 상황 대주가 반환을 필요로 하는 사정 등을 종합적으로 고려하여 공평의 입장에서 대주에게 해지권을 인정하는 것이 타당한가의 여부에 의하여 판단하여야 할 것이다. 무상으로 사용을 계속한 기간이 40년 이상의 장기간에 이르렀고 최초의 사용대차 계약 당시의 대주가 이미 사망하여 대주와 차주간의 친분관계의 기초가 변하였을 뿐더러 차주 측에서 대주에게 무상사용 허락에 대한 감사의 뜻이나 호의를 표시하기는 커녕 오히려 자주점유에 대한 취득시효를 주장하는 민사소송을 제기하여 상

고심에 이르기까지 다툼을 계속하는 등의 상황에 이를 정도로 쌍방의 신뢰 관계 내지 우호관계가 허물어진 경우 공평의 견지에서 대주의 상속인에게 사용대차의 제지권을 인정한다.(대법원 2001. 7. 24. 2001다 23669 판결)

32 선친의 서면에 의하지 않고 이루어진 부동산증여

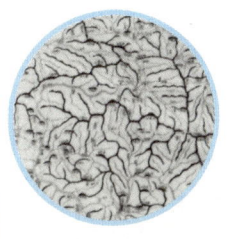

민법 제555조는 증여의 의사가 서면으로 표시되지 아니한 경우에는 그 당사자는 이를 해제할 수 있다. 고 규정하고 있고 민법 제558조는 전 3조의 규정에 의한 계약의 해제는 이미 이행한 부분에 대하여는 영향을 미치지 아니한다.라고 규정하고 있으므로 증여의 의사가 서면으로 표시되지 아니한 경우라도 증여자가 생전에 부동산을 증여하고 그의 뜻에 따라 그 소유권 이전등기에 필요한 서류를 제공하였다면 증여자가 사망한 후에 그 등기가 경료되었다고 하더라도 증여자의 의사에 따른 증여의 이행으로 서의 소유권 이전등기가 경료되었다 할 것이므로 증여는 이미 이행되었다 할 것이어서 증여자의 상속인이 서면에 의하지 아니한 증여라는 이유로 증여 계약을 해제하였다 하더라도 이에 아무런 영향이 없다.(대법원 2001. 9. 18. 선고 2001다 29643 판결)

33
소유권 이전등기 말소의 기판력

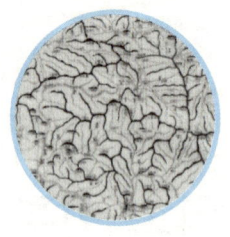

 진정한 등기 명의의 회복을 위한 소유권 이전등기 청구는 이미 자기 앞으로 소유권을 표상하는 등기가 있었거나 법률에 의하여 소유권을 취득한자가 진정한 등기명의를 회복하기 위한 방법으로 현재의 등기명의인을 상대로 그 등기의 말소를 구하는 것에 갈음하여 허용되는 것인데 말소등기에 갈음하여 허용되는 진정명의 회복을 원인으로 한 소유권 이전등기 청구권과 무효 등기의 말소등기 청구권은 어느 것이나 진정한 소유자의 등기명의를 회복하기 위한 것으로써 실질적으로 그 목적이 동일하고 두 청구권 모두 소유권에 기한 방해배제 청구권으로서 그 법적 근거와 성질이 동일하므로 비록 전자는 이전등기 후자는 말소등기의 형식을 취하고 있다고 하더라도 그 소송물은 실질상 동일한 것으로 보아야 하고 따라서 소유권 이전등기 말소 청구 소송에서 패소 확정 판결을 받았다면 그 기판력은 그 후 제기된 진정명의 회복을 원인으로 한 소유권 이전등기 청구 소송에도 미친다.(대법원 2001. 9. 20. 선고 99다 37894 전원합의체 판결)

34
과거의 행위를
새로운 법률에서
계속 적용시키는 문제

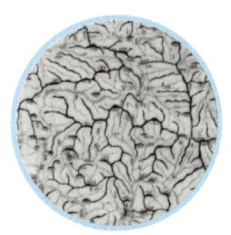

  일반적으로 계속범의 경우 실행 행위가 종료되는 시점에서의 법률이 적용되어야 할 것이나 법률이 개정 되면서 그 부칙에서 개정된 법 시행 전의 행위에 대한 벌칙의 적용에 있어서는 종전의 규정에 의한다는 경과 규정을 두고 있는 경우 개정된 법이 시행되기 전의 행위에 대하여는 개정 전의 법률을, 그 이후의 행위에 대하여는 개정된 법률을 각각 적용하여야 한다. 따라서 옛날에 어떤 경유로 선친 토지를 득한 사정이 있고 그 사유가 과거 법령에 어긋나면 그 후 시행된 법률의 부칙에 의거 계속 이어질 수 있다는 것이다.

35
손실보상 보상협의

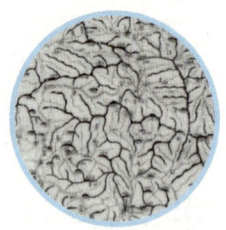

  공공용지의 취득 및 손실보상에 관한 특례법에 의한 협의취득 또는 보상 협의는 공공 기관이 사경제 주체로서 행하는 사법상 매매 내지 사법상 계약의 실질을 가지는 것으로서 당사자 간의 합의로 같은 법 소정의 손실보상의 기준에 의하지 아니한 매매대금을 정할수도 있으며 또한 같은 법이 정하는 기준에 따르지 아니하고 손실보상액에 관한 합의를 하였다고 하더라도 그 합의가 착오 등을 이유로 취소되지 않는 한 유효하다.(대법원 1998. 5. 22. 선고 98다 2242 판결)

36
국가가 권원 없이 사유토지를 도로로 편입시킨 경우

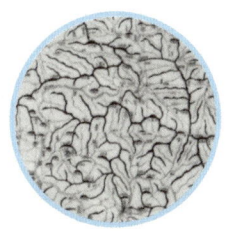

점유자가 점유개시 당시에 소유권 취득의 원인이 될 수 있는 법률행위 기타 법률요건이 없이 그와 같은 법률 요건이 없다는 사실을 잘 알면서 타인 소유의 부동산을 무단 점유한 것임이 입증된 경우 특별한 사정이 없는 한 점유자는 타인의 소유권을 배척하고 점유할 의사를 갖고 있지 않다고 보아야 하므로 이로써 소유의 의사가 있는 점유라는 추정은 깨어진다. 지방자치 단체나 국가가 자신의 부담이나 기부채납 등 지방재정법 또는 국유재산법 등에 정한 공공용 재산의 취득 절차를 밟거나 그 소유자들의 사용 승낙을 받는 등 토지를 점유할 수 있는 일정한 권원 없이 사유토지를 도로 부지에 편입 시킨 경우 자주 점유의 추정은 깨어지고 타주점유로 보아야 한다.(대법원 1998. 5. 29. 선고 97다 30349 판결)

■ 대판 2011. 7. 28. 2011다 15094 판결

　점유자의 점유가 소유의 의사가 있는 자주점유인지 아니면 소유의 의사가 없는 타주점유 인지는 점유자 내심의 의사에 의하여 결정되는 것이 아니라 점유취득의 원인이 된 권원의 성질이나 점유와 관계가 있는 모든 사정에 의하여 외형적 객관적으로 결정되어야 한다.

37
사망자의 유언 일반

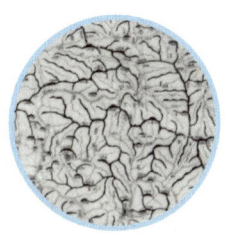

　자필증서에 의한 유언은 유언자가 그 전문과 연월일 주소 성명을 자서하고 날인하여야 하는 바 유언자의 주소는 반드시 유언전문과 동일한 지면에 기재하여야 하는 것은 아니고 유언증서로서 일체성이 인정되는 이상 그 전문을 담은 봉투에 기재하더라도 무방하며 그 날인은 무인에 의한 경우에도 유효하고 유언증서에 문자의 삽입 삭제 또는 변경을 함에도 유언자가 이를 자서하고 날인하여야 하나 증서의 기재 자체로 보아 명백한 오기를 정정함에 지나지 아니하는 경우에도 그 정정 부분에 날인을 하지 않았다고 하더라도 그 효력에는 영향이 없다. 민법 제1091조 제1항에 규정된 유언증서에 대한 법원의 검인은 유언의 방식에 관한 사실을 조사함으로써 위조 변조를 방지하고 그 보존을 확실히 하기 위한 절차에 불과할 뿐 유언증서의 효력 여부를 심판하는 절차가 아니고 민법 제1092조는 봉인된 유언증서를 검인하는 경우 그 개봉 절차를 규정한데 불과하므로 적법한 유언증서는 유언자의 사망에 의하여 곧바로 그 효력이 발생하고 검인이나 개봉절차의 유무에 의하여 그 효

력에 영향을 받지 아니한다. 망인이 유언증서를 작성한 후 재혼하였다거나 유언증서에서 유증하기로 한 일부 재산을 처분한 사실이 있다고 하여 다른 재산에 관한 유언을 철회한 것으로 볼 수 없다.(대법원 1998. 5. 29. 선고 97다 38503 판결)

38
토지 수용 재결 처분 취소

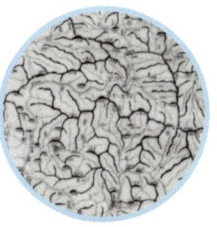

중앙토지수용위원회의 수용 재결에서 수용 대상 물건에 대하여 수용 보상액을 정한 부분이 위법하다는 이유로 위원회와 대한민국을 상대로 위 수용 재결 중 당해 수용 대상 물건에 관한 부분의 취소와 그 취소를 전제로 보상금의 증액 지급을 구하다가 이의신청을 일부 인용하는 위 위원회의 이의 재결이 있고 그이의 재결서의 송달일로부터 1월의 제소기간이 경과한 후에야 비로소 이의 재결의 수용 보상액을 정한 부분 중 일부의 취소와 그 취소를 전제로 보상금의 증액 지급을 구하는 것으로 청구 취지를 변경한 경우 당해 소장이나 준비서면의 내용상 이의 재결의 취소를 구하는 것으로 볼 수 없고 어떠한 형태로든지 이의재결에 대한 적법한 제소기간 내에 이의 재결의 위법성을 주장하거나 그 취소를 구한다는 취지의 주장을 한 바 없어 당해 소중 위 위원회에 대하여 이의 재결의 취소를 구하는 부분은 제소기간을 도과하여 부적합하므로 위 청구와 필요적 공동 소송의 관계에 있는 대한민국에 대하여 보상금의 증액 지급을 구하는 부분도 부적합하다.(대법원 1998. 6. 9. 선고 97누8106 판결)

39
지적도의 소유자

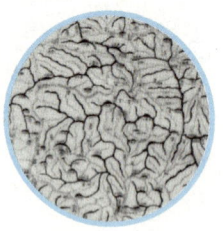

   착오로 작성된 지적도는 지적법 제38조에 따른 정정의 대상에 불과하여 이에 기초하여 경료 된 소유권 이전 등기는 지적도의 기재에도 불구하고 착오로 기재된 부분을 제외한 정당한 토지만을 표상한다고 보아야 한다. 토지 소유자는 착오로 자기 소유의 토지를 포함하는 것으로 작성된 지적도에 기초하여 경료 된 타인 명의의 소유권 이전 등기가 있다고 하여 그 부분 토지에 대한 권리 행사에 어떤 방해를 받고 있거나 받을 우려가 있다고 할 수 없고 또한 물권적 청구권으로서의 말소등기 청구권은 실질상의 권리 관계와 등기가 일치하지 아니함을 전제로 하는 것인데 토지 소유자가 이미 자신 명의의 유효한 등기를 보유하고 있는 경우에는 착오로 작성된 지적도에 기초하여 경료 된 등기가 있다고 하여 실질상의 권리와 등기가 일치하지 않게 되었다고 할 수는 없으므로 물권적 청구권에 기한 말소 등기 청구를 할 수 없다.

40
지적법상의 등록이 갖는 특성

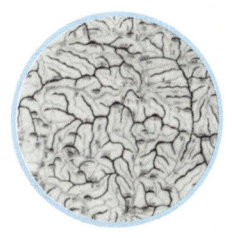

　어떤 토지가 지적법에 의하여 1필지의 토지로 지적 공부에 등록되면 그 토지는 특별한 사정이 없는 한 그 등록으로서 특정되고 그 소유권의 범위는 현실의 경계와 관계없이 공부상의 경계에 의하여 확정되는 것이고 지적도 상의 경계표시가 토지 측량의 잘못 등으로 사실상의 경계와 다르게 표시되었다 하더라도 그 토지에 대한 매매도 특별한 사정이 없는 한 현실의 경계와 관계없이 지적부상의 경계와 지적에 의하여 소유권의 범위가 확정된 토지를 매매 대상으로 하는 것으로 보아야 할 것이나 다만 지적도를 작성함에 있어서 기술적인 착오로 인하여 지적도 상의 경계선이 진실한 경계선과 다르게 작성되었기 때문에 경계와 지적이 실제의 것과 일치하지 않게 되었다는 등의 특별한 사정이 있는 경우에는 실제의 경계에 의하여야 할 것이므로 이와 같은 사정이 있는 경우 그 토지에 대한 매매에 있어서 매매 당사자 사이에 진실한 경계선과 다르게 작성된 지적도 상의 경계대로 매매할 의사를 가지고 매매한 사실이 인정되는 등의 특별한 사정이 없는 한 진실한 경계에 의하여 소유권의 범위가 확정된 토지를 매매 대상으로 하는 것으로 보아야한다.

41
권리 남용

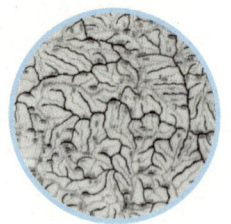

　권리 행사가 권리의 남용에 해당한다고 할 수 있으려면 주관적으로 그 권리 행사의 목적이 오직 상대방에게 고통을 주고 손해를 입히려는 데 있을 뿐 행사하는 사람에게 아무런 이익이 없는 경우이어야 하고 객관적으로는 그 권리 행사가 사회 질서에 위반된다고 볼 수 있어야 하는 것이며 이와 같은 경우에 해당하지 않는 한 비록 그 권리의 행사에 의하여 권리 행사가 얻는 이익보다 상대방이 잃는 손해가 현저히 크다 하여도 그러한 사정만으로는 이를 권리 남용이라 할 수 없고 다만 이러한 주관적 요건은 권리자의 정당한 이익을 결여한 권리행사로 보이는 객관적인 사정에 의하여 추인할 수 있다.

42
물권적 행사의 범위

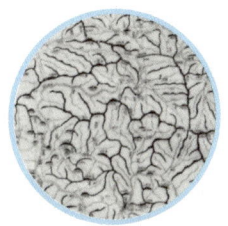

　토지의 매수인이 아직 소유권 이전 등기를 경료 받지 아니하였다 하여도 매매 계약의 이행으로 그 토지를 인도받은 때에는 매매 계약의 효력으로서 이를 점유 사용할 권리가 생기게 된 것으로 보아야 하고 또 매수인으로 부터 위 토지를 다시 매수한자는 위와 같은 토지의 점유 사용권을 취득한 것으로 봄이 상당 하므로 매도인은 매수인으로 부터 다시 위 토지를 매수한자에 대하여 토지 소유권에 기한 물권적 청구권을 행사할 수 없다.

43
토지매매 계약의 범주

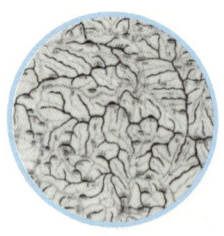

　매매 계약서에 토지의 면적을 등기부상 기재에 따라 기재하고 그 면적에 평당 가격을 곱한 금액에서 우수리 돈을 감액하는 방법으로 매매대금을 결정하였으나 그 토지가 도로 잡목 등으로 인근 토지의 경계가 구분되어 있으며 매수인이 매매계약 체결 전 그 토지를 현장 답사하여 현황을 확인한 경우 그 토지 매매는 수량을 지정한 매매가 아니라 구획된 경계에 따라 특정하여 매매한 것이라 할 것이다.

44
일제 강점 하 동원 피해

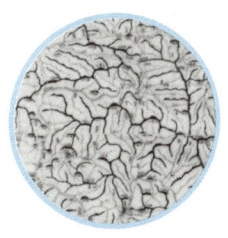

🔵 전체 취지

일제 강점 하 강제 동원 피해라 함은 만주사변 이후 태평양 전쟁에 이르는 시기에 일제에 의하여 강제 동원되어 군인, 군속, 노무자, 위안부 등의 생활을 강요당한 자가 입은 생명. 신체. 재산 등의 피해를 말하는 것이고 유족이라 함은 일제 강점 하 강제 동원 중 사망한 피해자의 배우자(사실상 배우자 포함) 및 직계비속을 말한다. 다만 이런 자들이 없는 경우 형제자매를 말한다.

🔵 일제 강점 하 동원 피해 진상 규명 위원회

위 위원회에서는 1)동원 피해 진상 조사 2)국내외 자료수집 3)유해 발굴 및 수습 등 4)피해자 및 유족의 심사결정 및 피해판정 불능 결정에 관한 사항 5)사료관 및 추도 공간 조성 6)가족관계 등록부의 작성사항 7)그 밖에 령이 정하는 사항의 일을 한다.

진상 규명 실무 위원회

위에서는 동원 피해에 관한 사항과 피해자의 친족의 피해의 신고접수사항 및 피해 신고에 관한 조사를 하고 감정 의뢰까지 하므로 내가 알고자 하는 것이 있을 경우 좀 더 구체적으로 접근할 수 있다.

45 부동산 가격 공시 평가

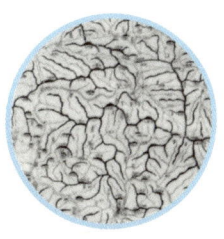

일반론

부동산 가격 공시란 토지 주택 등 부동산의 적정 가격을 공시하여 부동산 가격 산정의 기준이 되게 하고 토지 건물 등의 감정평가에 관한 사항을 정하는 바 토지 등이라 함은 토지 및 그 정착물 그 밖에 대통령령이 정하는 재산과 이들에 관한 소유권 외의 권리를 말한다.

적정 가격

사항을 비교적 세밀히 조사심의 한 자료가 있어 사망한 고인이 있을 경우 그의 행적을 추적하는데 드러난 자료 상의 적정 가격이라 함은 당해 토지 등에 대하여 통상적인 시장에서 정상적인 거래가 이루어지는 경우 성립될 가능성이 가장 높다고 인정되는 가격을 말한다.

📍 표준지 조사 등

국토교통부 장관은 토지 이용 상황이나 주변 환경 그 밖의 자연적 사회적 조건이 일반적으로 유사하다고 인정되는 일단의 토지 중에서 선정한 표준지에 대하여 매년 공시 기준일 현재의 적정 가격을 조사 평가하고 중앙 심의회를 거쳐 공시하여야 한다. 따라서 이런 조사 과정을 거친 자료를 확보하면 나의 권리주장 토지가 어떤 과정을 거쳤고 표준지를 근거로 주변을 엿볼 수 있는 바 소송 중이라면 사실 확인을 위하여 자료를 사실 탐지할 수 있을 것이다.

📍 조사 협조

국토교통부 장관은 표준지의 선정 또는 적정 가격의 조사 평가를 위하여 필요한 경우 관련 청에 관련 자료의 열람제출을 요구할 수 있으므로 많은 수집 자료가 있다.

📍 공시사항

공시사항은 표준지의 지번, 단위면적당 가액, 면적 및 현황, 주변토지의 이용 상황 등에 대하여 국토교통부 장관은 그 내용을 도서 도표 등으로 작성한다. 국가 등은 이들을 공공용지의 매수 등 그리고 국·공유 토지의 취득 또는 처분 그리고 령이 정하는 토지가격의 산정에 적용한다.

적용

그리고 위 지가산정을 위하여 필요하다고 인정하는 경우에는 표준지와 지가산정 대상 토지의 현황, 당해 토지와 유사한 이용 가치를 지닌다고 인정되는 하나 또는 둘 이상의 표준지 공시지가를 기준으로 하여 당해 토지의 가격과 표준지 공시 지가가 균형을 유지하도록 하여야 한다. 다만 필요하다고 인정하는 때에는 산정된 지가를 공공용지의 매수 및 국·공유지의 취득 처분 목적에 따라 지가를 가감 적용할 수 있다.

효력

공시지가는 토지 시장의 지가 정보를 제공하고 일반적인 토지 거래의 지표가 되며 국가 등 업무와 관련하여 지가를 산정하는 등의 효력이 있다.

정정

시장 군수 등은 개별 공시 지가에 위산 오기, 표준지 선정의 착오 등 오류를 발견한 때에는 지체 없이 이를 정정하여야 한다.

📍 중앙 부동산 평가

 부동산 평가에 관한 법령 입안, 표준지 선정 및 관리지침, 조사 평가된 표준지의 공시지가, 조사 평가된 표준지 주택가격, 감정평가 준칙 제정 등과 그 밖의 부동산 정책 등에 관하여 국토교통부장관 소속에 위원회를 둔다.

📍 토지의 감정평가 등

 감정평가 업자가 타인의 의뢰에 의하여 토지를 개별적으로 감정평가하는 경우에는 당해 토지와 유사한 이용가치를 지닌다고 인정되는 표준지의 공시 지가를 기준으로 하여야 한다. 다만 담보권의 설정, 경매 등 령이 정하는 감정평가를 하는 경우에는 당해 토지의 임료 조성비용 등을 고려하여야 한다.

📍 감정평가 준칙

 토지 등의 감정평가에 있어서 그 공정성과 합리성을 보장하기 위하여 정하는 원칙과 기준은 국토교통부 령으로 정하며 감정평가 업자가 감정평가를 의뢰받은 경우에는 지체 없이 감정평가를 실시하여 국토교통부 령이 정하는 바에 의하여 감정평가 의뢰인에게 감정평가서를 교부하여야 한다.

📍 손해배상 책임

감정평가 업자가 타인의 의뢰에 의하여 감정평가를 함에 있어서 고의 또는 과실로 감정평가 당시의 적정 가격과 현저한 차이가 있게 감정평가하거나 감정평가 서류에 거짓의 기재를 함으로써 감정평가 의뢰인이나 선의의 제3자에게 손해를 발생하게 한때에는 그 손해를 배상할 책임이 있다.

📍 토지 거래 허가 기준

공익사업을 위한 토지 등의 취득 및 보상에 관한 법률 그 밖의 법령에 따라 공익사업으로 토지를 협의 양도하거나 토지가 수용된 자로서 협의 양도된 날로부터 일정기간이 경과되지 아니한 자가 협의양도 또는 수용된 토지를 대체하기 위하여 이 령 시행 후 최초로 토지거래 계약 허가를 신청하는 부분부터 적용하고 이 령 시행 전 지적법에 따라 토지의 분할 신청을 하거나 녹지 지역에서의 토지 분할에 대하여 개발행위 허가를 신청한 경우에는 개정 규정에 불구하고 종전의 규정에 따른다.

📍 도로에 대한 사권제한 판례

도로를 구성하는 부지, 옹벽, 그 밖의 물건에 대하여는 사권을 행사할 수 없다 다만 소유권을 이전하거나 저당권을 설정하는 것은 그러하지 아니하며 토지 대장상 지목이 도로로 되어 있다고 해서 반드시 도로법의 적용을 받는 도로라고 할 수 없다.(대법원 1983. 5. 10. 80다 2937 판결) 동조는 도로를 구성하는 부지에 대하여는 사권을 행사할 수 없다고 규정하고 있고 그 법조의 적용을 받는 도로는 적어도 도로법에 의한 노선인정과 도로구역 결정 또는 이에 준하는 도시계획 소정의 절차를 거친 도로를 말한다. 국가 등이 도로에 대하여 소유권을 취득하는 등 적법한 권원 없이 도로로 사용하고 있다 하더라도 이로 인하여 불법점유로 인한 임료 상당의 손해배상 의무가 성립하는 것은 별론으로 하고 동조의 적용을 배제하는 것은 아니다.(대법원 1999. 11. 26. 99다 40807 판결)

권리 의무 승계

도로법에 따른 허가로 인하여 발생한 권리나 의무를 가진 자가 사망하거나 그 권리나 의무를 양도한 때 또는 그 권리나 의무를 가진 법인이 합병한 때에는 그 상속인, 권리의무를 양수한 자, 합병 후 존속하는 법인이나 합병에 따라 설립되는 자는 그 지위를 승계한다.

국가사업과의 관계

도로법에 따라 도로 관리청의 허가를 받아야 할 사항으로서 다른 국가사업에 관계되는 것은 그 사업의 주무관청이 도로 관리청과 협의하거나 그 승인을 받아야 한다.

도로정비 기본계획

도로관리청의 기본계획에는 정비 목표 및 방향 정비 관리계획 환경친화적인 방향 소요재원 조달방안 등 타당성을 검토하여 기본계획을 일정 기간마다 마련하여야 하며 변경할 수도 있고 국토교통부는 그 내용을 고시하여야 한다.

점유 관리에 대한 판례

국가가 도로법 관계 규정에 의한 도로구역 결정 고시를 하였다 하더라도 위 고시에 의하여 사실상 지배주체의 점유관리를 배제할 의사가 있었다고 보이는 등 특별한 사정이 없는 한 그 도로구역 결정 고시만으로 국가가 도로 구역의 부지에 대한 점유를 개시하였다고 볼 수는 없고 종전의 점유자의 점유는 국가의 도로구역 결정 고시 이후에도 계속된다고 봄이 상당하다.(대법원 2000. 12. 8. 2000다 14934 판결)

인허가 의제

관계기관과 협의한 사항은 인허가를 받은 것으로 보는 바 도로 구역의 결정변경을 고시하면 법률에 따른 인허가를 고시 공고로 보며, 하천 공사 시 시행허가 및 점용허가, 입목 벌채 등의 허가에서의 구역지정, 산림자원의 조성관리 도로관리 계획의 결정 농지법의 전용 허가 등을 말한다.

📍 도로의 관리와 폐지

관리청은 도로의 사용을 개시하거나 폐지하려면 국토교통부 장관으로부터 정하는 바에 따라 이를 공고하고 그 도면을 일반인에게 열람시켜야 한다. 다만 기존도로와 중복되게 노선을 지정 또는 인정하였거나 변경한 경우 그 중복되는 노선을 지정 또는 인정하였거나 변경하였을 경우 그 중복되는 부분의 도로에 대하여는 그러하지 아니하다.

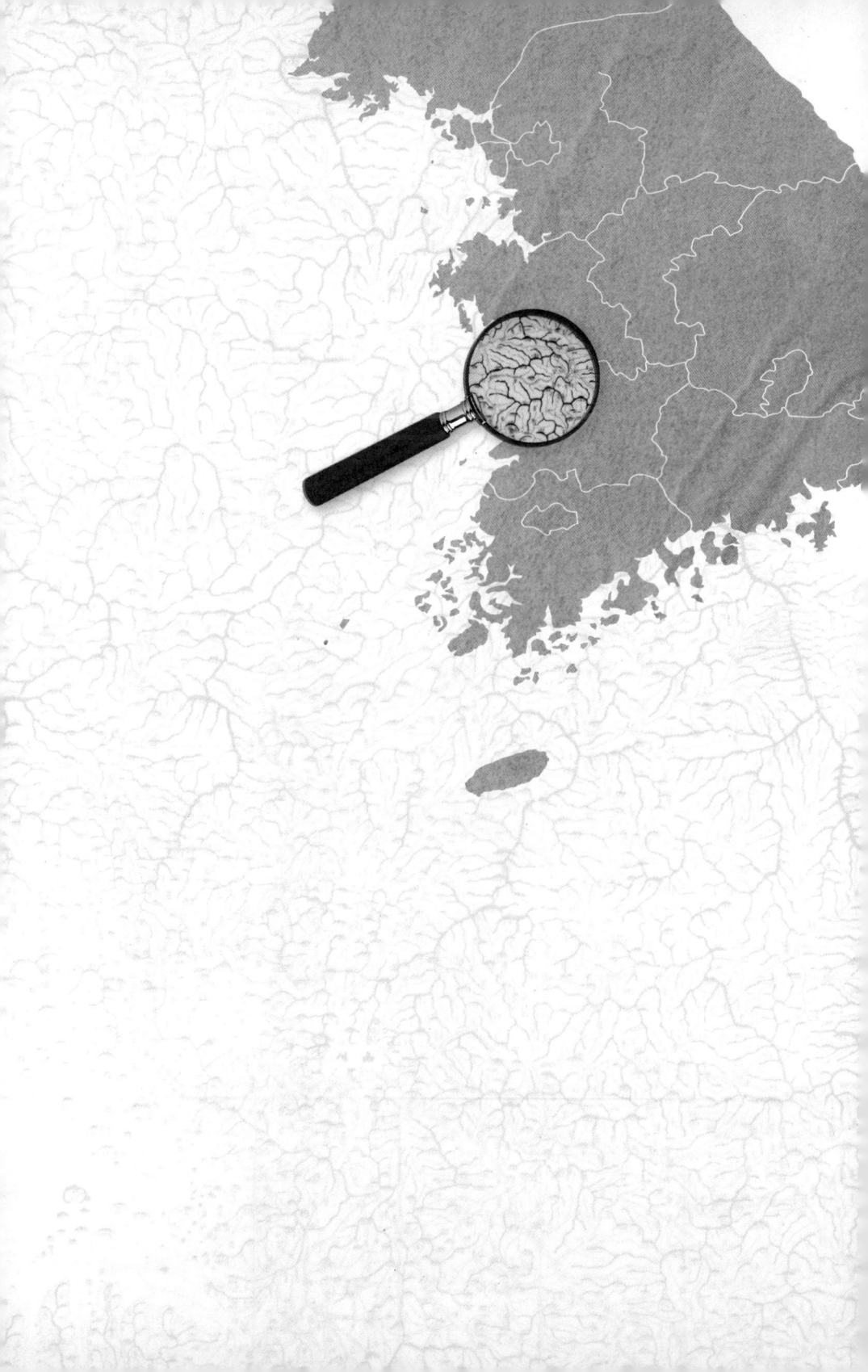

당신이 몰랐던
조상 땅 찾는 비법

PART 12

조상 땅 찾기
서류 양식 일반

[양식 1] 기본 소유권이전등기말소청구 소장

[양식 2] 부동산 별지 작성

[양식 3] 기본 소유권이전등기말소청구 소장

[양식 4] 소유권보존등기 말소등기절차이행청구 소장

[양식 5] 소유권이전등기 및 근저당권설정등기 말소등기절차이행청구

[양식 6] 진정명의회복을 원인으로 한 소유권이전등기절차 이행청구

[양식 7] 소유권확인 청구의소

[양식 8] 부동산처분금지가처분신청서

[양식 9] 토지인도 청구 소장

[양식 10] 건물철거 및 토지인도 청구 소장

[양식 11] 점유이전금지가처분 신청서

【양식 1】 기본 소유권이전등기말소청구 소장

소 장

원　고　　김갑동
　　　　　　서울 종로구 ○○로 ○○
　　　　　　원고의 소송대리인 법무법인 센트로 담당변호사 전세경
　　　　　　서울 서초구 서초중앙로 148 7층(희성빌딩)
　　　　　　전화 02)532-6327~8　팩스 02)532-6329

피　고　　이을남
　　　　　　삼척시 ○○로 17

소유권이전등기말소 청구의 소

― 청구취지 ―

1. 피고는 원고에게 별지 목록 기재 부동산에 관하여 ○○지방법원 1900. 00. 00. 접수 제0000호로 마친 소유권이전등기의 말소등기절차를 이행하라.
2. 소송비용은 피고가 부담한다.
라는 판결을 구합니다.

― 청구원인 ―

1. 이 사건 부동산의 원고 소유 사실
2. 피고의 등기 사실
3. 피고 명의 등기의 원인 무효
4. 결론

- 입증방법 -

1. 갑제1호증 부동산등기사항증명서
1. 갑제2호증 구토지대장
1. 갑제3호증 토지대장

- 첨부서류 -

1. 위 입증방법 각1부
1. 소송위임장

2018. 00. 00.

위 원고의 소송대리인
법무법인 센트로
담당변호사 전세경 (인)

○○ 지방법원 귀중

【양식 2】 부동산 별지 작성

별 지

- 부동산목록 -

1. 경상남도 창원시 ○○구 ○○○로 ○○○ 대 3000㎡ 위지상
2. 경상남도 창원시 ○○구 ○○○길 ○○○ 시멘트 블록조 스레트지붕 단층주택 50㎡

끝.

【양식 3】 기본 소유권이전등기말소청구 소장

상속재산분할협의서

2000. 6. 18. 14시 24분 "서울특별시 종로구 ○○로 ○○○에서 "이성계"의 사망으로 인하여 개시된 상속에 있어 공동 상속인 이방과, 이방의, 이방간, 이방원은 아래와 같이 상속재산의 분할을 협의한다.

상속재산 목록

1. 서울특별시 종로구 ○○로 ○○○ 대 20000㎡
1. 서울특별시 종로구 ○○로 ○○○ 대 10000㎡

상속재산 분할 협의의 결과

위 부동산은 상속인 "이방원"의 단독소유로 한다.

위 협의를 증명하기 위하여 이 협의서 4통을 작성하고 아래와 같이 기명날인하여 각자 1통씩 소지한다.

2000. 00. 00.

위 공동상속인

1. 이방과 000000-0000000 (인)
    서울특별시 종로구 ○○로 ○○○

1. 이방의 000000-0000000 (인)
    서울특별시 종로구 ○○로 ○○○

1. 이방간 000000-0000000 (인)
    서울특별시 종로구 ○○로 ○○○

1. 이방원 000000-0000000 (인)
    서울특별시 종로구 ○○로 ○○○

【양식 4】 소유권보존등기말소등기절차이행청구 소장

소 장

원고   이경주
           서울 강남구 ○○로 10, 109동 1001호(○○동, ○○아파트)
           원고의 소송대리인 법무법인 센트로 담당변호사 전세경
           서울 서초구 서초중앙로 148 7층(희성빌딩)
           전화 02)532-6327~8   팩스 02)532-6329

피고   경주이씨 ○○공파 종중
           경주시 ○○로 100   대표자 이대군

소유권보존등기말소청구의 소

- 청구취지 -

1. 피고는 원고에게 경주시 ○○구 100-10 전 1000㎡에 관하여 ○○지방법원 ○○등기소 2000. 00. 00. 접수 제0000호로 마친 소유권 보존등기의 말소등기절차를 이행하라.
2. 소송비용은 피고가 부담한다.
라는 판결을 구합니다.

- 청구원인 -

1. 경주시 ○○구 100-10 전 1000㎡는 원고의 소유입니다.
    경주시 ○○구 100-10 전 1000㎡는 원고의 조부인 이조부가 1918.
1. 11. 사정받은 부동산입니다.

그리고 이조부가 1933. 1. 11. 사망하여 원고의 부인 이부가 이를 단독 상속하였고, 1999. 12. 11. 이부가 사망함에 따라 원고가 경주시 ○○구 100-10 전 1000㎡를 단독 상속하였으므로, 경주시 ○○구 100-10 전 1000㎡는 원고의 소유입니다.

2. 피고의 등기사실 및 등기의 원인무효
그런데 위 부동산에 관하여 소유권보존등기를 하지 못하고 있던 중 피고는 아무런 권리 없이 소유권보존등기를 마쳤습니다.

3. 결론
따라서 피고 명의의 소유권보존등기는 말소되어야 하므로, 이 사건 소를 제기하게 되었습니다.

- 입증방법 -

1. 갑제1호증   토지조사부등본
1. 갑제2호증   구토지대장
1. 갑제3호증   토지대장
1. 갑제4호증   제적등본
1. 갑제5호증   가족관계증명서

– 첨부서류 –

1. 위 입증방법 각1부
1. 소송위임장

2018. 02. 00.

위 원고의 소송대리인
법무법인 센트로
담당변호사 전세경 (인)

대구지방법원 경주지원 귀중

【양식 5】소유권이전등기 및 근저당권설정등기 말소등기절차이행청구

소 장

원고   이순신
       서울 ○○구 ○○로 ○○
       원고의 소송대리인 법무법인 센트로 담당변호사 전세경
       서울 서초구 서초중앙로 148 7층(희성빌딩)
       전화 02)532-6327~8 팩스 02)532-6329

피고   1. 원균
       경상남도 통영시 ○○길 ○○○

       2. 윤두수
       서울 ○○구 ○○길 ○○

소유권이전등기말소 등 청구의소

- 청구취지 -

1. 피고들 간의 통영시 ○○길 대 ○○○에 대하여 2000. 00. 00. ○○지방법원 등기 접수제 00호로 마쳐진 근저당권 설정등기 계약은 이를 해제한다.
2. 피고 윤두수는 위 부동산에 대한 2000. 00. 00. 위 같은 등기계 접수 제0000호로 마친 근저당권설정등기의 말소등기절차를 이행하라.
3. 피고 원균으로부터 피고 윤두수로 ○○등기소 접수 제00호로 소유권이전된 것 및 원고에게서 피고 원균에게 소유권이전된 것의 각 말소등기 절차를 이행하라.

4. 소송비용은 피고들이 부담한다.
라는 판결을 구합니다.

– 청구원인 –

1. 통영시 ○○길 대 7,000㎡ 부동산은 원고의 부 망 이정 이 1900. 00. 00. 창원지방법원 통영지원 등기계 접수 제0000호로 소유권이전등기를 마쳤으며, 이정이 사망함에 따라 원고가 단독으로 상속하였습니다.

2. 그런데 피고 원균은 위 부동산에 관하여 권한이 없으면서 2000. 00. 00. 창원지방법원 통영지원 등기계 접수 제0000호로 2000. 00. 00. 자 매매를 원인으로 하여 소유권이전등기를 마쳤습니다.

3. 한편 피고 윤두수는 원인무효인 피고 원균 명의의 소유권이전등기에 터잡아 2000. 00. 00. 위 같은 등기계 접수 제0000호로 근저당권설정등기를 마쳤습니다.

4. 원고는 피고 원균에게 위 부동산을 매매한 사실이 없고, 피고 원균이 소유권이전등기를 하기 위하여 제출한 일체의 서류는 모두 위조된 것입니다.

5. 그러므로 피고들의 위 각 등기는 모두 원인무효의 등기라고 할 것이므로, 각 말소등기절차의 이행을 구하고자 소를 제기하는 바입니다.

– 입증방법 –

1. 부동산등기사항증명서
1. 제적등본
1. 가족관계증명서

- 첨부서류 -

1. 위 입증방법
1. 소송위임장

2018. 00. 00.

위 원고의 소송대리인
법무법인 센트로
담당변호사 전세경 (인)

창원지방법원 통영지원 귀중

【양식 6】 진정명의회복을 원인으로 한 소유권이전등기절차 이행청구

소 장

원고　　왕손
　　　　경기 ○○군 ○○길 ○○○
　　　　원고의 소송대리인 법무법인 센트로 담당변호사 전세경
　　　　서울 서초구 서초중앙로 148 7층(희성빌딩)
　　　　전화 02)532-6327~8　팩스 02)532-6329

피고　　이도
　　　　서울 ○○구 ○○로 ○○○

소유권이전등기청구의 소

― 청구취지 ―

1. 피고 이방원은 원고에게 서울특별시 종로구 ○○로 ○○○ 대 9,000㎡에 관하여 진정명의 회복을 원인으로 한 소유권이전등기절차를 이행하라
2. 소송비용은 피고가 부담한다
라는 판결을 구합니다.

― 청구원인 ―

1. 원고 소유의 부동산
　　서울특별시 종로구 ○○로 ○○○ 대 9,000㎡ 부동산은 원고의 부인 망 왕요가 1900. 00. 00. 사정 받은 것입니다. 그리고 왕요가 1900. 00. 00. 사망함에 따라 원고가 단독으로 상속하였습니다.

2. 그런데 소외 이성계는 1900. 00. 00. 위 부동산에 관하여 서울지방법원 등기국 접수 제0000호로 소유권이전등기를 마쳤으며, 1900. 00. 00. 소외 이성계가 사망하자 소외 이방원이 위 부동산을 단독 상속하였으며, 2000. 00. 00. 소외 이방원이 사망하자 피고 이도가 상속하였습니다.

3. 그러나 원고의 부 왕요는 소외 이성계에게 위 부동산을 매도한 사실이 없을 뿐만 아니라 소외 이성계가 소유권이전 당시 제출한 서류들은 모두 권한 없이 작성되었거나 위조된 것입니다.

4. 결국 위 등기들은 모두 원인무효의 등기이므로 말소되어야 할 것이나, 피고 이도는 원고에게 진정명의 회복을 원인으로 하는 소유권이전등기의 절차를 이행할 의무가 있습니다.

- 입증방법 -

1. 토지 사정인 명부
2. 부동산등기사항증명서
3. 제적등본
4. 가족관계증명서

- 첨부서류 -

1. 위 입증방법
1. 소송위임장

2018. 00. 00.

위 원고의 소송대리인
법무법인 센트로
담당변호사 전세경 (인)

서울중앙지방법원 귀중

【양식 7】 소유권확인 청구의소

소 장

원고　　김갑동
　　　　인천 ○○구 ○○로 ○○○길 ○○
　　　　원고의 소송대리인 법무법인 센트로 담당변호사 전세경
　　　　서울 서초구 서초중앙로 148 7층(희성빌딩)
　　　　전화 02)532-6327~8　팩스 02)532-6329

피고　　대한민국
　　　　법률상 대표자 법무부장관 최국무

소유권확인 청구의 소

- 청구취지 -

1. 경기도 ○○시 ○○면 ○○리 000-00 전 500㎡는 원고의 소유임을 확인한다
2. 소송비용은 피고가 부담한다
라는 판결을 구합니다.

- 청구원인 -

1. 위 부동산은 원고의 조부인 망 김○○이 사정받아 소유하던 중 위 김○○이 1900. 00. 00. 사망하자 원고의 부인 망 김○○이 상속하였으며, 위 망 김○○이 1900. 00. 00. 사망하자 원고가 이를 단독 상속하였습니다.

2. 한편 위 부동산에 관한 토지조사부 및 지적공부는 한국전쟁으로 모두 소실되었다가 지적복구는 되었으나 각 소유자 복구는 되지 않은 상태입니다.

3. 그렇다면 위 부동산은 원고가 위 망 김○○으로부터 상속받은 것임이 확실하므로, 위 부동산은 원고의 소유가 틀림없다고 할 것입니다.

4. 이에 원고는 피고에 대하여 위 부동산이 원고의 소유라는 확인을 구하는 바입니다.

- 입증방법 -

1. 갑제1호증 부동산등기사항증명서
1. 갑제2호증 폐쇄등기부등본
1. 갑제3호증 토지대장
1. 갑제4호증 제적등본
1. 갑제5호증 가족관계증명서

- 첨부서류 -

1. 위 입증방법

2018. 00. 00.

위 원고 김갑동 (인)

○○ 지방법원 귀중

【양식 8】부동산처분금지가처분신청서

부동산처분금지가처분신청

채권자   김갑동
　　　　 서울 ○○구 ○○로 100
　　　　 전화 02-300-0000
　　　　 채권자의 소송대리인 법무법인 센트로 담당변호사 전세경
　　　　 서울 서초구 서초중앙로 148 7층(희성빌딩)
　　　　 전화 02)532-6327~8　팩스 02)532-6329

채무자   이을녀
　　　　 제주시 ○○로 42, 201동 501호(건입동, 제주아파트)

목적물의 표시 : 별지목록기재

피보전권리 : 1900. 10. 11. 상속을 원인으로 한 소유권이전등기말소등기청구권

목적물의 가액 : 1,000,000,000원

― 신청취지 ―

채무자는 별지목록기재 부동산에 관하여 매매, 양도·증여, 저당권설정, 임차권설정 그 밖의 일체의 처분행위를 하여서는 아니 된다.
라는 결정을 구합니다.

- 신청이유 -

1. 피보전권리

   가. 별지 목록 기재 부동산은 1919. 03. 03. 채권자가 채권자의 조부인 망 김조부가 사정을 받은 토지입니다.

   나. 별지 목록 기재 부동산은 김조부가 1900. 10. 11. 사망함에 따라 채권자의 부 인 김부가 단독 상속하였는데 김부가 1900. 00. 00. 사망하여 채권자가 이를 단독 상속하였습니다.

   다. 그런데 채무자는 위 별지목록기재 부동산에 관하여 아무런 권리 없이 ○○지방법원 ○○등기소 접수 제0000호로 소유권이전등기를 마쳤습니다.

2. 보전의 필요성

   채권자는 채무자 명의의 위 소유권이전등기의 말소청구 소송을 준비하고 있는데, 채무자가 위 별지목록기재 부동산을 다른 사람에게 처분할 우려가 있으므로, 위 청구권 집행 보전의 필요성이 있습니다.

3. 결론

   채권자는 현재 경제적 여유가 없으므로 담보제공은 지급에 갈음하는 보증보험증권을 제출할 수 있도록 허가하여 주시기 바랍니다.

- 입증방법 -

1. 소갑제1호증 토지조사부
1. 소갑제2호증 구토지대장
1. 소갑제3호증 토지대장
1. 소갑제4호증 부동산등기사항증명서
1. 소갑제5호증 제적등본
1. 소갑제6호증 가족관계증명서

- 첨부서류 -

1. 위 입증방법
1. 부동산목록
1. 위임장

2018. 00. 00.

위 채권자의 신청대리인
법무법인 센트로
담당변호사 전세경 (인)

○○ 지방법원 귀중

【양식 9】 토지인도 청구 소장

소 장

원고   김갑동
          부산 ○○구 ○○로 ○○○
          원고의 소송대리인 법무법인 센트로 담당변호사 전세경
          서울 서초구 서초중앙로 148 7층(희성빌딩)
          전화 02)532-6327~8 팩스 02)532-6329

피고   이을녀
          서울 ○○구 ○○길 ○○○

토지인도청구의소

- 신청취지 -

1. 피고는 원고에게 경상남도 창원시 마산합포구 ○○면 ○○리 000-000답 3000㎡를 인도하라
2. 소송비용은 피고가 부담한다
3. 제1항은 가집행할 수 있다
라는 판결을 구합니다.

- 청구원인 -

1. 원고 소유의 이 사건 부동산
   경상남도 창원시 마산합포구 ○○면 ○○리 000-000 답 3000㎡(이하 '이 사건 부동산'이라 합니다.)은 원고의 소유이고, 원고 명의로 소유권이전등기가 경료되어 있습니다.

2. 피고의 점유사실

   그런데 '이 사건 부동산'을 피고가 점유하고 있고, 피고에게는 이 사건 부동산 점유할 아무런 권한이 없습니다.

3. 결론

   결국 피고는 이 사건 부동산을 원고에게 인도해야 하므로 원고의 청구를 인용하여 주시기 바랍니다.

– 입증방법 –

1. 등기사항전부증명서

– 첨부서류 –

1. 위 입증방법
1. 소송위임장

2018. 00. 00.

위 원고의 소송대리인
법무법인 센트로
담당변호사 전세경 (인)

창원지방법원 귀중

【양식 10】 건물철거 및 토지인도 청구 소장

소 장

원고　　김갑동
　　　　서울 ○○구 ○○길 ○○○
　　　　원고의 소송대리인 법무법인 센트로 담당변호사 전세경
　　　　서울 서초구 서초중앙로 148 7층(희성빌딩)
　　　　전화 02)532-6327~8　팩스 02)532-6329

피고　　1. 이을남
　　　　서울 ○○구 ○○○로
　　　　2. 이을녀
　　　　서울 서초구 ○○로 ○○○ 1층 2층

건물철거 및 토지인도 청구의 소

- 청구취지 -

1. 피고는 원고에게 별지목록 기재 부동산중 별지도면 표시 1, 2, 3, 4, 1을 순차로 연결한 선내 (가) 표시 100평방미터 건물을 철거하고 같은 곳 5, 6, 7, 8, 9,5.를 순차로 연결한 선내 (나) 표시의 토지 200평방미터를 인도하라.
2. 피고 이을녀는 서울특별시 서초구 ○○로 ○○○ 대 000㎡ 지상 연와조 평옥개 2층 점포 1층 000㎡ 2층 000㎡에서 퇴거하라.
3. 소송비용은 피고가 부담한다
4. 제1항 및 제2항은 가집행 할 수 있다
라는 판결을 구합니다.

− 청구원인 −

1. 서울특별시 서초구 ○○로 ○○○ 대 000㎡ 부동산의 원고 소유 사실

    서울특별시 서초구 ○○로 ○○○ 대 000㎡(이하 '이 사건 부동산'이라 합니다.)는 원고 소유로써 원고 명의의 소유권이전등기가 경료되어 있습니다.

2. 피고 이을남의 점유사실

    그런데 피고가 무단으로 이 사건 부동산을 점유하고, 아무런 권한 없이 그 지상에 연와조 평옥개 2층 점포 1층 000㎡ 2층 000㎡(이하 '이 사건 건물'이라 합니다.)를 건축하였습니다.

3. 피고 이을녀의 퇴거 의무

    그리고 피고 이을녀는 원고 소유 토지위에 피고 이을남이 무단으로 건축한 이 사건 건물을 권원 없이 점유하고 있습니다.

4. 결론

    따라서 피고 이을남은 원고에게 이 사건 건물을 철거하고 이 사건 부동산을 인도할 의무가 있고, 피고 이을녀는 이 사건 건물에서 퇴거할 의무가 있으므로, 원고의 청구를 인용하여 주시기 바랍니다.

− 입증방법 −

1. 등기사항전부증명서
1. 건축물대장

- 첨부서류 -

1. 위 입증방법
1. 소송위임장

2018. 00. 00.

위 원고의 소송대리인
법무법인 센트로
담당변호사 전세경 (인)

서울중앙지방법원 귀중

【양식 11】점유이전금지가처분 신청

부동산점유이전금지가처분신청서

채권자   김갑동
         서울 ○○구 ○○○로 ○○○
         채권자의 소송대리인 법무법인 센트로 담당변호사 전세경
         서울 서초구 서초중앙로 148 7층(희성빌딩)
         전화 02)532-6327~8 팩스 02)532-6329

채무자   이을동
         강릉시 ○○길 ○○○

목적물의 표시   별지목록 기재와 같음
피보전권리의 내용   소유권에 기한 건물철거 및 토지인도청구권
목적물의 가격   50,000,000원

- 신청취지 -

1. 채무자는 강릉시 ○○길 ○○○ 대 100㎡에 대한 점유를 풀고 채권자가 위임하는 집행관에게 인도하여야 한다.
2. 위 집행관은 현상을 변경하지 아니하는 것을 조건으로 하여 채무자에게 이를 사용하게 하여야 한다.
3. 채무자는 그 점유를 타인에게 이전하거나 점유명의를 변경하여서는 아니 된다.
4. 집행관은 위 명령의 취지를 적당한 방법으로 공시하여야 한다.
라는 재판을 구합니다.

- 신청이유 -

1. 채권자는 강릉시 ○○길 ○○○ 대 100㎡(이하 '이 사건 부동산'이라 합니다.)의 소유자입니다.

2. 채무자는 아무런 권리나 권한 없이 이 사건 부동산을 점유하고 있습니다.

3. 채권자는 이 사건 부동산의 소유권에 기초하여 채무자에게 이 사건 부동산의 인도청구 소송을 준비하고 있으나, 만약 채무자가 그 점유를 다른 사람에게 이전해줄 경우 위 본안판결의 집행이 불가능해질 위험이 있으므로 이 사건 신청에 이른 것입니다.

4. 한편, 이 사건 부동산점유이전금지가처분명령의 손해담보에 대한 담보제공은 보증보험주식회사와 지급보증위탁계약을 맺은 문서를 제출하는 방법으로 담보제공을 할 수 있도록 허가하여 주시기 바랍니다.

- 소명방법 -

1. 소갑 제1호증 부동산등기사항전부증명서

- 첨부서류 -

1. 위 소명방법
1. 소송위임장

2018. 00. 00.

채권자의 소송대리인
법무법인 센트로
담당변호사 전세경 (인)

춘천지방법원 강릉지원 귀중

마지막으로 이 책을 끝까지 정독하신 분들께 감사드립니다.
이 책으로 여러분들의 '인생역전'에 도움이 되시길 기원드립니다.